JOSE MARÍA GONZÁLEZ RAVÉ (Coord.)
JUAN LUIS JUDEZ TEBAR
IGNACIO JAVIER CASLA MORENO
JUAN JAIME ARROYO TOLEDO

INVESTIGACIONES EN
FUERZA Y POTENCIA EN NATACIÓN

WANCEULEN
EDITORIAL DEPORTIVA

Título: INVESTIGACIONES EN FUERZA Y POTENCIA EN NATACIÓN.

Autores   JOSE Mª GONZÁLEZ RAVÉ (COORD.), JUAN LUIS JUDEZ TEBAR, IGNACIO JAVIER CASLA MORENO Y JUAN JAIME ARROYO TOLEDO

Fotografía de portada: José Luis Rúa Nácher

Editorial: WANCEULEN EDITORIAL DEPORTIVA, S.L.
            C/ Cristo del Desamparo y Abandono, 56   41006 SEVILLA
            Tlfs 954656661 y 954921511 - Fax: 954921059
            www.wanceulen.com   -   infoeditorial@wanceulen.com

ISBN: 978-84-9993-178-4

Dep. Legal:
©Copyright: WANCEULEN EDITORIAL DEPORTIVA, S.L.
Primera Edición: Año 2012
Impreso en España: Publidisa

Reservados todos los derechos. Queda prohibido reproducir, almacenar en sistemas de recuperación de la información y transmitir parte alguna de esta publicación, cualquiera que sea el medio empleado (electrónico, mecánico, fotocopia, impresión, grabación, etc), sin el permiso de los titulares de los derechos de propiedad intelectual. Cualquier forma de reproducción, distribución, comunicación pública o transformación de esta obra solo puede ser realizada con la autorización de sus titulares, salvo excepción prevista por la ley. Diríjase a CEDRO (Centro Español de Derechos Reprográficos, www.cedro.org) si necesita fotocopiar o escanear algún fragmento de esta obra.

ÍNDICE

PRÓLOGO 11

PRESENTACIÓN 13

CAPÍTULO 1: ESTUDIO DE LA POTENCIA ESPECÍFICA DE NADO EN RELACIÓN CON EL RENDIMIENTO COMPETITIVO EN NADADORES DE ALTO NIVEL. 17

    RESUMEN 19
    1. INTRODUCCIÓN. 20
    2. REVISIÓN BIBLIOGRÁFICA. 21
    3. METODOLOGÍA DE TRABAJO. 27
        3.1. DESCRIPCIÓN DE LA MUESTRA. 27
        3.2. DISEÑO DE LA INVESTIGACIÓN. 28
        3.3. VARIABLES. 29
        3.4. RECURSOS. 30
        3.5. TEST EMPLEADO. 31
        3.6. PROCEDIMIENTOS 32
        3.7. DESCRIPCIÓN DE LAS TECNICAS DE ANÁLISIS DE DATOS. 33
    4. RESULTADOS. 33
        4.1. ANÁLISIS DE LAS DIFERENCIAS DE LA CARGA MÁXIMA DE ARRASTRE Y DE LA POTENCIA DE NADO EN FUNCIÓN DEL ESTILO DE NADO. 33
        4.2. ANÁLISIS DE LAS DIFERENCIAS DE LA CARGA MÁXIMA DE ARRASTRE Y DE LA POTENCIA DE NADO EN FUNCIÓN DEL SEXO DE LOS NADADORES. 35
        4.3. ANÁLISIS DE LAS DIFERENCIAS DE LA CARGA MÁXIMA DE ARRASTRE Y DE LA POTENCIA DE NADO EN FUNCIÓN DE LA CATEGORÍA DE EDAD (INFANTIL, JÚNIOR Y ABSOLUTO) 38
        4.4. ANÁLISIS DE LAS DIFERENCIAS DE LA CARGA MÁXIMA DE ARRASTRE Y DE LA POTENCIA DE NADO EN FUNCIÓN DEL RENDIMIENTO COMPETITIVO DE LOS NADADORES. 41
    5. DISCUSIÓN. 43
    6. CONCLUSIÓN. 47
        6.1. FUTURAS LÍNEAS DE INVESTIGACIÓN. 48
    7. BIBLIOGRAFÍA. 48

CAPÍTULO 2: DIFERENCIAS EN EL ENTRENAMIENTO DE FUERZA POR METODO DE CONTRASTES Y CONCÉNTRICO EN LA MEJORA DE RENDIMIENTO EN LA PRUEBA DE 50 Y 100 METROS CROL EN NATACIÓN. EFECTOS EN EL DESENTRENAMIENTO. 53

- RESUMEN 55
- 1. INTRODUCCIÓN 55
- 2. MARCO TEÓRICO 57
  - 2.1. ENTRENAMIENTO DE FUERZA. 57
  - 2.2. ENTRENAMIENTO DE FUERZA POR MÉTODO CONCÉNTRICO 58
  - 2. 3. ENTRENAMIENTO DE FUERZA POR MÉTODO DE CONTRASTES 60
  - 2. 4. ENTRENAMIENTO DE FUERZA EN NATACIÓN 68
  - 2. 5. DESENTRENAMIENTO 72
- 3. OBJETIVOS. 73
- 4. METODOLOGÍA DE INVESTIGACIÓN. 74
  - 4. 1. INTRODUCCIÓN 74
  - 4. 2. SUJETOS Y CONTEXTO. 74
  - 4. 3. DISEÑO EXPERIMENTAL. 76
  - 4. 4. VARIABLES 89
  - 4. 5. PROCEDIMIENTO 91
  - 4. 6. DESCRIPCIÓN Y PROTOCOLO DE ADMINISTRACIÓN DE LAS PRUEBAS Y TEST 92
  - 4. 7. TÉCNICAS ESTADÍSTICAS 96
- 5. RESULTADOS 96
  - 5. 1. RESULTADOS EN TEST DE 1 REPETICIÓN MÁXIMA 97
  - 5. 2. RESULTADOS EN PRUEBA DE 50 METROS CROL 107
  - 5. 3. RESULTADOS EN PRUEBA DE 100 METROS CROL 118
- 6. DISCUSIÓN. 129
- 7. LIMITACIONES DEL ESTUDIO. 134
- 8. CONCLUSIONES 135
- 9. PERSPECTIVAS FUTURAS DE INVESTIGACIÓN 136
- 10. BIBLIOGRAFÍA 137

CAPÍTULO 3. ESTUDIO COMPARATIVO DE FUERZA Y POTENCIA ESPECÍFICA DE NADO POSTERIORES A LA APLICACIÓN DE DOS DISTINTOS PROGRAMAS DE ENTRENAMIENTO RESISTIDO CON VELOCISTAS DE 50 METROS................ 141

- RESUMEN.. 143
- 1. INTRODUCCIÓN. 143
- 2. ANTECEDENTES. 144
  - 2.1. ENTRENAMIENTO DE LA FUERZA EN NATACION. 144
  - 2.2. EL VOLUMEN DE ENTRENAMIENTO EN LA NATACIÓN. 146
  - 2.3. ENTRENAMIENTO ASISTIDO Y RESISTIDO EN LA NATACION. 147
  - 2.4. PLANTEAMIENTO DE LA INVESTIGACIÓN 148
  - 2.5. OBJETIVOS E HIPÓTESIS DEL ESTUDIO. 150
- 3. METODOLOGIA DE TRABAJO. 151
  - 3.1. DESCRIPCIÓN DE LA MUESTRA. 151
  - 3.2. DISEÑO DE LA INVESTIGACIÓN... 151
  - 3.3. VARIABLES. 152
  - 3.4 RECURSOS.. 155
  - 3.5 TESTS EMPLEADOS. 156
  - 3.6. PROCEDIMIENTOS. 158
  - 3.7. ANÁLISIS ESTADÍSTICO 160
- 4. RESULTADOS. 160
  - 4.1. CARGA MÁXIMA DE ARRASTRE (CMA)... 160
  - 4.2. POTENCIA ESPECÍFICA DE NADO (PEN). 161
  - 4.3. FUERZA MEDIDA EN BANCO ISOCINÉTICO (Fsb)..................... 162
  - 4.4. POTENCIA MEDIDA EN BANCO ISOCINÉTICO (P_osb................ 163
  - 4.5. TIEMPO DE NADO DE 50 M. LIBRES (T50L) 164
  - 4.6. TIEMPO DE NADO DE 50 METROS ESTILO PRINCIPAL DE COMPETICIÓN (T.50E) 165
- 5. DISCUSION. 166
- 6. CONCLUSIONES 169
- 7. BIBLIOGRAFIA.. 169

AGRADECIMIENTOS

A Los diferentes equipos y selecciones de natación que participaron en las diferentes investigaciones que aquí se presentan.

PRÓLOGO

El rendimiento deportivo de élite es el resultado de un complejo proceso de preparación en el que juegan un importante papel la evaluación, el control y el seguimiento (ECS) de los deportistas y de sus planes de entrenamiento. Generalmente, las actividades de ECS se desarrollan en el contexto de un programa que suele tener como objetivo general el análisis y diagnóstico del estado de desarrollo de las capacidades determinantes del rendimiento competitivo, con el fin de ofrecer a los entrenadores la información necesaria para que puedan orientar los planes de entrenamiento, de acuerdo con los resultados de las pruebas realizadas.

Conscientes de la influencia decisiva que dichos programas pueden tener para la mejora de los resultados deportivos, muchas instituciones están llevando a cabo actuaciones de este tipo; tal es el caso de la Real Federación Española de Natación y de la Federación de Natación de Castilla La Mancha, que junto con el Laboratorio de Entrenamiento Deportivo (LED) de la Facultad de Ciencias del Deporte de Toledo desarrollan el programa Evanat, por el que han pasado casi trescientos nadadores de nivel nacional e internacional. Entre los más destacados se encuentran noventa y tres nadadores medallistas en los Campeonatos de España de Natación de diversas categorías de edad (ediciones de 2004 a 2010), 43 nadadores que poseen Mejores Marcas Nacionales (2011), dos nadadores que ostentan Récords de España de categoría absoluta (2011), catorce nadadores medallistas en los Campeonatos de Europa Junior de Natación (ediciones de 2009 y 2010), y un nadador medallista en los campeonatos de Europa Absolutos de Natación (edición de 2008).

En opinión de la dirección técnica de las citadas federaciones, no cabe duda del impacto que ha tenido el programa Evanat en la consecución de estos logros deportivos, principalmente por la calidad de la información aportada por el LED, por la rapidez con la que se ha puesto a disposición de los entrenadores y por el carácter pedagógico con el que el personal investigador del LED la ha puesto a disposición de los técnicos y de los nadadores, tanto durante el proceso de ejecución de las pruebas de ECS, como en los documentos que contienen los informes finales de las mismas.

Por ello, es para mí un placer presentar los trabajos de tres de los colaboradores del LED que, dirigidos por Fernando Navarro Valdivielso y José

María González Ravé, han desarrollado una encomiable labor de investigación. Con la aportación de sus estudios relacionados con la natación competitiva contribuyen a ampliar la información científica sobre temas de gran interés y aplicación para los entrenadores.

Madrid, junio de 2011.

Antonio Oca Gaía
Director Técnico de la Federación de Natación de Castilla La Mancha.
Entrenador Responsable de las Selecciones Infantil y Junior de la Real Federación Española de Natación durante las temporadas 2008/09 y 2009/10.

PRESENTACIÓN

El deporte necesita de la ciencia para explicar los fenómenos que se producen en esta conducta humana, la praxis deportiva que se realiza en un colegio, en el club deportivo o en el gimnasio, bien sea organizada, bien de carácter libre, tiene lugar en una realidad que puede observarse y valorarse. Puesto que las ciencias reales adquieren sus conocimientos por medio de la experiencia (empirismo), también son denominadas ciencias empíricas. La realidad puede ser manipulada, por lo que la metodología científica tiene cabida en el hecho deportivo.

La necesidad creciente del enfoque científico sobre la problemática del deporte, busca según Matveyev (2001) o Zhhelyakov (2001) un marco conceptual cuyo propósito sea descubrir los límites de las fuerzas físicas y psíquicas del hombre íntimamente ligadas con la reproducción de la actividad humana sometida al estímulo que representa el ejercicio físico realizado con sistematicidad y planificación. Un ejemplo típico de este complejo problema es la solución de las actividades de entrenamiento y de competiciones en el deporte de alto nivel.

Los estudios científicos que se presentan en este libro son una muestra de la unión entre realidad y ciencia. Corresponden a tres memorias realizadas por los estudiantes del programa de doctorado "Rendimiento Deportivo" de la Universidad de Castilla la Mancha para la obtención del Diploma de Estudios Avanzados.

La formación e investigación es un camino largo y sinuoso, no exento de obstáculos y sinsabor para los recién iniciados que acuden a las aulas universitarias para tratar de conseguir iniciarse en la carrera investigadora. La proporción de éxito suele ser acorde a la motivación y al deseo de aprender y de superar todos aquellos obstáculos que se encuentran durante todo este proceso. Pues bien, en este libro se compilan los resultados de tres investigadores que han superado la primera parte de este duro camino, y que alguno de ellos ya se encuentra en aras de finalizar la segunda parte con la lectura de su tesis doctoral.

Como todo trabajo de investigación presenta una lectura lineal y clara que va directa a la respuesta de la cuestión y por lo tanto enseguida satisface al lector en cuanto a dudas y exigencias.

Son trabajos que se realizan desde el grupo de investigación "Rendimiento Deportivo" de la Universidad de Castilla la Mancha, que empezó su andadura en el año 2004 oficialmente, pero cuyo germen comenzó en los primeros años de la creación de la Facultad de Ciencias del Deporte de Toledo teniendo como responsable a uno de los encargados de su puesta en marcha, el Dr. Fernando Navarro Valdivielso.

El Prof. Fernando Navarro desde el nuevo Laboratorio de Entrenamiento, comenzó a desarrollar junto con los colegas encargados de la creación de la nueva facultad, una estructura que permitiera por un lado, dar servicio a los entrenadores y Federaciones que así lo quisieran, y por otra, poner ese mecanismo de control del entrenamiento al servicio de la investigación deportiva.

Uno de los programas activos y con gran fuerza es el de evaluación y control de nadadores diseñado conjuntamente con la Federación de Natación de Castilla la Mancha, que en la temporada 2010-2011 cumplió con su sexta edición y que se incluye como una línea de actuación estratégica para el desarrollo de la tecnificación deportiva en la formación, desarrollo y especialización técnica de los nadadores a lo largo de su carrera deportiva. Algunos de los datos del primer estudio que a continuación se presentan forman parte de esas evaluaciones. Desde estas líneas agradecer a los directivos de la Federación, y en especial a su Director Técnico, D. Antonio Oca Gaía la confianza depositada en este programa. Este programa ha tenido tanta aceptación que estuvo durante tres temporadas implementado en la Real Federación Española de Natación en sus concentraciones infantil y junior celebradas en Toledo.

De ese doble proceso surgen los tres trabajos presentados en este libro, el primero de ellos escrito por Juan Luis Júdez y tutorizado por el Dr. Fernando Navarro Valdivielso analiza la potencia específica de nado y la compara con el nivel de rendimiento de 67 nadadores, 51 de nivel nacional (25 finalistas en los campeonatos de España) y 16 nadadores de nivel autonómico, de edades comprendidas entre 13 y 25 años, teniendo como referencia el sistema de puntuación IPS elaborado por la FINA.

El segundo está escrito por Ignacio Casla Moreno y tutorizado por el Dr. José Mª González Ravé, analiza los cambios que se producen tras dos tipos entrenamiento de fuerza explosiva en seco durante las 4 semanas previas a la competición sobre la respuesta en competición en una prueba de 50 m. y 100 .m. crol verificando también el efecto residual después de 1-2 semanas de desentrenamiento en nadadores de categoría máster de la Comunidad de Madrid.

El tercer y último trabajo presentado en este libro está escrito por Juan Jaime Arroyo Moreno y tutorizado por el Dr. José Mª González Ravé, estudió y comparó las posibles ganancias en fuerza y potencia especifica de nado de 2 distintas formas de organización de la sesión de entrenamiento de nado resistido usando el dispositivo Aquaforce; usando un entrenamiento lineal estándar y uno de entrenamiento piramidal doble analizando las modificaciones producidas sobre la Carga Máxima de Arrastra, Potencia Específica de Nado, fuerza y potencia en banco isocinético Swimmbench y mejor marca de 50 metros crol y estilo principal en 16 nadadores de nivel nacional y regional de Castilla la Mancha.

Estos tres trabajos escritos por Licenciados en Ciencias de la Actividad Física y el Deporte, suponen una aplicación práctica y científica al conocimiento en torno al entrenamiento de la fuerza y la potencia en natación, y la metodología que se utiliza puede ser fácilmente replicada por otros entrenadores para conocer si los efectos producidos son de la misma naturaleza que los resultados encontrados, de ahí la utilidad práctica para los entrenadores de natación que buscan muchas veces soluciones a problemas concretos y reales de su práctica diaria.

Desde hace tres años, una vez se jubiló el Dr. Fernando Navarro, me honro en dirigir el Grupo de Investigación "Rendimiento Deportivo", es mucha la responsabilidad tras su marcha, el listón es prácticamente insuperable puesto que es un maestro y mentor para muchos que humildemente tratamos de seguir aportando a la ciencia y a la práctica diaria de los entrenadores con la finalidad de mejorar el rendimiento en nuestros deportistas. Este libro es un fiel reflejo de ello. Esperamos que os guste.

Dr. José María González Ravé.
Toledo, junio de 2011.

Capítulo 1.

ESTUDIO DE LA POTENCIA ESPECÍFICA DE NADO EN RELACIÓN CON EL RENDIMIENTO COMPETITIVO EN NADADORES DE ALTO NIVEL.[1]

---

[1] **Nota del coordinador de obra:** Parte de los datos de esta investigación han sido publicados como comunicaciones, en concreto:
Judez, J.L., Díaz, G., Muñoz, V.E., Carrasco, M., Villarino, S., Clemente, V., Oca, A. y Navarro F. (2007). Diferencias en la potencia específica de nado en función del nivel de rendimiento de los nadadores. XXVII Congreso de Natación y Acuáticas. Valencia.
Judez, J.L., Arija, A., Díaz, G., Muñoz, V.E., Carrasco, M., Oca, A. y Navarro F. (2007). Relación entre la potencia específica de nado y el nivel de rendimiento de los nadadores. Swimming Science Seminar. Granada

RESUMEN.

El propósito de este estudio es analizar las posibilidades reales de evaluación de la fuerza y potencia específica en nadadores mediante el Test LED de Fuerza Específica de Nado con el dispositivo Aquaforce e intentar contribuir al conocimiento sobre las respuestas de fuerza y potencia en los diferentes estilos de nado de los nadadores, así como sobre las diferencias en relación al sexo, edad, categoría y nivel de rendimiento.

La muestra esta compuesta por 67 sujetos, 51 nadadores de nivel nacional (25 finalistas en los campeonatos de España) y 16 nadadores de nivel autonómico, de ambos sexos (37 hombres y 30 mujeres), de edades comprendidas entre 13 y 25 años, con una media de edad de 16.46±3.116 años, distribuidos por estilo de nado en crolistas (n=34), bracistas (n=20), espaldistas(n=7) y mariposistas (n=6).

Todos los nadadores realizaron Test LED de Fuerza Específica de Nado en el estilo principal con el dispositivo Aquaforce (Telju SA), midiéndose la carga máxima de arrastre (CMA) y la potencia máxima de nado (PM). Asimismo, mediante el ajuste de los datos a una curva individual para cada nadador con $R^2>0.80$, se calculó la potencia máxima ajustada (PMaj).

Cuando se analizaron las diferencias de fuerza y de potencia en función del estilo de nado, los bracistas mostraron mejores registros en CMA frente a crolistas, encontrándose diferencias significativas en nadadoras ($p<.01$). No se encontraron diferencias significativas en PM y PMaj entre los estilos crol y braza.

En relación al sexo de los nadadores, el grupo de nadadores obtuvo valores significativamente superiores al grupo de nadadoras en los estilos crol y braza en CMA, PM y PMaj ($p<.01$).

En el estudio por categorías de edad, los nadadores de categoría absoluta consiguieron valores más altos que el grupo de nadadores júnior [en CMA y PM (en nadadoras, $p<.05$) y PMaj] y que el grupo de categoría infantil en CMA, PM y PMaj ($p<.01$) con excepción de CMA en nadadoras ($p<.05$).

Por ultimo, Los nadadores de un rendimiento competitivo superior mostraron mejores valores frente a los nadadores de un menor rendimiento, apareciendo diferencias estadísticamente significativas en las variables CMA, PM y PMaj en el grupo de crolistas ($p<.01$) y diferencias estadísticamente significativas en las variables CMA (p<.01), PM (p<.05) y PMaj (p<.05) en el grupo de bracistas.

1. INTRODUCCIÓN.

Numerosos estudios han encontrado una relación muy alta entre la velocidad de nado y la potencia medida fuera del agua (Hawley et al., 1991; Sharp et al., 1982; Sharp 1986) y la potencia medida durante el nado (Costill et al., 1983; Costill et al. 1986; Toussaint et al., 1990). Estudios más recientes muestran una fuerte correlación entre la potencia de nado medida en el dispositivo Power Rack y la velocidad máxima de nado (Arija et al., 2005; Boelk et al., 1997; Johnson et al., 1993).

Otro dispositivo de características similares, diseñado en España y denominado AQUAFORCE aporta una nueva posibilidad de medición de la fuerza y la potencia específica de los nadadores, así como de su entrenamiento (Navarro, 2007). Por otro lado, existe un escaso conocimiento de las respuestas de fuerza y potencia en los diferentes estilos de nado de los nadadores, así como sobre las diferencias existentes en relación al sexo y la edad. Las posibilidades que ofrece el Aquaforce para llevar a cabo estas mediciones permiten que a través de una muestra amplia y representativa de los mismos, se puedan a llegar a describir nuevos resultados en esta línea.

Cuanto mejor se puedan describir las necesidades de potencia y de fuerza según estilo y prueba de los nadadores, mayor será la información sobre el perfil de rendimiento del nadador que permita contribuir a mejorar el proceso de entrenamiento por parte del entrenador.

Así pues este estudio tiene como objetivo general conocer las posibilidades reales de evaluación de la fuerza y potencia específica en nadadores mediante el Test de Fuerza específica de nado con el dispositivo Aquaforce y como objetivos específicos:

- Analizar las diferencias de fuerza y de potencia específica de nado en función del estilo de nado.
- Analizar las diferencias de fuerza y de potencia específica de nado en función del sexo de los nadadores.
- Analizar las diferencias de fuerza y de potencia específica de nado en función de la categoría de edad (infantil, júnior y absoluto) en nadadores crolistas y bracistas.

- Analizar las diferencias de fuerza y de potencia específica de nado en función del rendimiento competitivo de los nadadores especialistas en los estilos crol y braza.

2. REVISIÓN BIBLIOGRÁFICA. CONCEPTO DE FUERZA Y POTENCIA.

Cada día se pone de manifiesto, en los diferentes deportes la necesidad de una preparación física de fuerza adecuada para el deportista que le permita conseguir el mayor rendimiento competitivo posible.

La fuerza, desde el punto de vista de la mecánica, es toda causa capaz de modificar el estado de reposo o de movimiento de un cuerpo. Esta definición de fuerza se centra en el efecto externo, generalmente observable, producido por la acción muscular, la atracción de la gravedad o inercia de un cuerpo. En pocas palabras la fuerza es empujar o tirar de algo (McGinnes, 1999, citado en González y Rivas, 2002), o más explícitamente, aquello que empuja o tira por medio de un contacto mecánico directo o por la acción de la gravedad y que altera o varía el movimiento de un objeto (Luttgens & Wells, 1985, citado en González y Rivas, 2002). Sin embargo desde un punto de vista fisiológico se entiende como la capacidad de producir tensión que el músculo tiene al activarse, es algo interno, que puede tener relación con un objeto (resistencia) externo o no. Por lo tanto existen dos fuentes de fuerzas en permanente relación: las fuerzas internas, producidas por los músculos esqueléticos, y las fuerzas externas, producidas por la resistencia (fuerza) de los cuerpos al modificar su inercia (estado de reposo o movimiento).

Como resultado de esta interacción surge la fuerza aplicada que es la manifestación externa de de la tensión interna generada en el músculo (González y Rivas, 2002) La mejora del rendimiento, en relación con la fuerza aplicada, se centra en la mejora de la capacidad de producción de fuerza por unidad de tiempo, esta fuerza aplicada en las condiciones específicas de tiempo y velocidad es lo que se conoce como fuerza útil, es decir, la fuerza que el deportista aplica en los gestos específicos de competición, y se considera como la expresión de la fuerza explosiva específica (Izquierdo y González, 2006).

Por lo tanto la evaluación debe centrarse en la fuerza útil, pues de ella depende la potencia que se puede generar, que es, desde el punto de vista de rendimiento físico, el factor determinante del resultado deportivo. (González y Serna, 2002). El Diccionario de Oxford de Medicina y Ciencias del Deporte (2007) define la potencia como el ritmo en que la energía es utilizada o el trabajo es realizado. La potencia se mide en vatios (W) de trabajo por unidad de tiempo (Potencia = Trabajo realizado/Tiempo empleado). La potencia seria el producto de la fuerza por la velocidad en cada instante del movimiento. La máxima potencia alcanzada es el mejor producto fuerza – velocidad conseguido a través del movimiento, es decir el máximo pico de potencia, que define las características dinámicas (fuerza aplicada) durante el ejercicio.

La relación fuerza-tiempo puede venir reflejada a través de la curva fuerza-tiempo (C f-t) y de la curva fuerza-velocidad (C f-v) La C f-t puede utilizarse tanto en mediciones estáticas como dinámicas, la C f-v solo para mediciones dinámicas. Cualquier modificación que se produzca en la C f-t vendrá reflejada en la C f-v y viceversa. (González y Gorostiaga, 1995)

Asociada a la C f-v se encuentra la curva de potencia, estas dos curvas nos van aportar información sobre las características de los diferentes deportistas y de las especialidades que practican, ya que cada sujeto da lugar a curvas diferenciadas, las diferencias en estas curvas también se producen en un mismo deportista a través de los años de entrenamiento e incluso entre las distintas fases de la misma temporada. De ahí que la comparación de la curva entre deportistas y dentro del mismo deportista en diferentes momentos de la temporada, nos puede facilitar una información muy relevante sobre el estado de forma del mismo.

Por tanto la C f-v y la curva de potencia son un factor diferenciador tanto de las especialidades como de la categoría y forma de los deportistas dentro de cada deporte. El objetivo de entrenamiento de fuerza será mejorar permanentemente esta curva en su totalidad, es decir, ser capaz de conseguir más velocidad ante cualquier resistencia. (González y Gorostiaga, 1995).

Relación de la potencia y el rendimiento en natación.

La investigación ha confirmado que la capacidad para generar potencia en forma de movimiento específico está estrechamente relacionada con el rendimiento de natación de velocidad. Tanto la potencia de nado como la fuerza de las extremidades superiores han sido puntos de referencias claves para el éxito en la natación de velocidad. Los estudios han demostrado que la fuerza muscular de las extremidades superiores y/o la potencia ejercida correlacionan altamente con la velocidad de nado sobre distancias de 25 a 400 metros.

El 86% del rendimiento en 25 metros sprint de crol se produce como resultado de la fuerza y la capacidad de desarrollar potencia de los nadadores. Para el nadador de distancias mayores, la componente de fuerza es progresivamente menor. En 100, 200 y 400 metros, la contribución de fuerza muscular desciende a 74, 72 y 58% respectivamente. (Costill, Maglischo & Richardson, 1992).

La importancia de la potencia de los brazos ha sido destacada en numerosos estudios en los que las mejoras en el rendimiento en natación estaban asociados con el aumento de la potencia (Costill et al., 1980; Costill et al., 1983; Costill et al., 1985; Crowe et al., 1999; Sharp et al., 1982; Toussaint & Vervoorn, 1990).

Pero la estrecha relación que se produce entre la potencia y la velocidad en natación, depende muchas veces de las condiciones de evaluación, ya que se puede distinguir en la bibliografía dos tendencias. Una línea ha consistido en la evaluación de la fuerza y la potencia fuera del agua, diseñando máquinas de musculación que reproduzcan lo más verazmente posible el gesto técnico como el banco isocinético.

Evaluar dichos niveles de fuerza "en seco" es relativamente sencillo, pues existen metodologías e instrumental altamente fiables y de uso habitual en numerosos centros de medicina deportiva (Brizuela & Llana, 1997). Sin embargo, sigue existiendo el problema de lo inespecífico de dicha evaluación.

En la bibliografía se encuentran varios estudios en esta línea que han estudiado la correlación que ha encontrado entre los parámetros obtenidos el banco isocinético (sobre todo la potencia) y la velocidad de nado en una distancia determinada. (Sharp, 1982; Rohrs & Stager, 1990; McArdle & Reilly, 1990; Bradshaw & Hoyle,. 1993; Johnson et al., 1993).

Los estudios para demostrar una relación entre la potencia de nado en el banco isocinético y la velocidad de nado han producido resultados contradictorios. Algunos han reportado una relación significativa entre las dos (Hawley & Williams, 1991; Sharp, Troup y Costill, 1982), mientras que otros no han demostrado la existencia de relación (Dopsaj et al. 1999; Johnson, Sharp & Hedrick, 1993).

Otros estudios han registrado correlaciones elevadas (superiores a 0,5) entre las medidas isocinéticas y el rendimiento de nado (Ciccone & Lyons, 1987; Klentrou & Monpetit, 1991; Mookerjee, Bibi, Kenny &Cohen,

1995; Olbrecht, Ungerechts, Robben, Mader, &Hollman, 1992), si bien existen estudios en que no se han encontrado diferencias significativas con distintos niveles de competición (Reilly, 1990; Sharp, 1986).

En un estudio realizado por Sharp (1986) sobre 382 nadadores de elite participantes en los Campeonatos Nacionales U.S., no se encontraron correlaciones significativas entre la potencia medida en el banco isocinético y el rendimiento en ninguna prueba de ambos sexos. Sin embargo, los velocistas (50 a 100m) fueron más potentes, los nadadores mediofondistas (200 a 400 m) mostraron una potencia intermedia y los fondistas (1500 m) fueron los menos potentes. Estos hallazgos sugieren que en una población homogénea de nadadores de élite, las medidas en tierra de potencia máxima no permiten discriminar entre las variedades de rendimiento competitivo.

Estos estudios indican que la capacidad para generar potencia en forma de movimiento específico parece ser necesaria para el rendimiento de alta competición. Sin embargo, en el nivel de élite, la potencia medida en tierra no actúa como una variable independiente en la determinación del rendimiento del nadador. Es posible que factores tales como la capacidad para aplicar potencia para la propulsión en la forma más eficiente y efectiva estén más relacionados con el rendimiento (Navarro, 2007). Es también posible que las demandas de potencia sean lo suficiente diferentes entre nadadores de elite según la cantidad de resistencia activa que experimentan cuando nadan en velocidades de competición. Por ejemplo, para alcanzar y mantener la misma velocidad, un nadador de élite con una resistencia activa relativamente mayor necesitaría mayor potencia que el nadador con una resistencia activa menor. Así pues, la capacidad para medir la resistencia activa y mejorarla debería ser imperativo de nuestra comprensión de las necesidades de entrenamiento específico del nadador que se esfuerza en competir a nivel de élite. (Sharp, 2000).

La fuerza en natación también ha sido evaluada durante el nado. En este sentido son muchos los autores que han realizado un estudio directo de las fuerzas propulsivas, lo cual implica atar al nadador con un cinturón dentro del agua a diferentes sistemas, como a un cable de acero (inextensible) conectado a un sistema de poleas (Magel, 1970; Shionoya A, 1998, Hooper, 1983), o bien a un dinamómetro o una célula de carga (Arellano, 1992; Platonov, 1988). En otras investigaciones algunos autores han utilizado gomas quirúrgicas (Arellano, 1992; Platonov, 1988; Keskinen, 1989; Brizuela, Llana y Tella, 1999) en lugar de un cable de acero.

En los últimos años, están apareciendo nuevos dispositivos que permiten el entrenamiento y la evaluación de la fuerza y la potencia en natación como son el Power-Rack y en el caso de este estudio el dispositivo Aquaforce.

Cabe decir que estos métodos de nado resistido presentan el inconveniente de modificar la técnica de nado, tanto más cuanto mayor sea dicha resistencia. Maglischo et al., (1985) realizaron un estudio en el que analizaron 6 nadadores de grupos de edad nadando aproximadamente 30 metros en tres condiciones: nado normal, atado por un cinturón de nado y velocidad asistida atado a un cinturón. Se observo que el entrenamiento resistido causaba una brazada más corta y más lenta, y que el entrenamiento asistido aumentaba la frecuencia de ciclo pero solo por el acortamiento de la longitud de ciclo y no por cambios en la velocidad de la mano. La mecánica de brazada se vio modificada en ambas formas de entrenamiento, por lo que los autores del estudio argumentaron dudas sobre la eficacia de ambas formas de entrenamiento (Maglischo, Maglisho, Zier & Santos, 1985).

Girold et al., (2006) compararon los resultados en un programa de entrenamiento resistido frente a un programa de entrenamiento asistido. Los nadadores del grupo resistido, aumentaron su frecuencia de brazada solo en el segundo cincuenta de la prueba de 100 metros, mientras que el grupo de entrenamiento asistido aumento en ambos parciales. Pero la ganancia de rendimiento solo fue significativa en el grupo de entrenamiento resistido porque ellos mantenían su longitud de brazada mientras que el grupo de entrenamiento asistido decrecía.

Por ello, numerosos autores (Arellano et al., 1999) utilizan el término de "fuerza de arrastre" para hacer referencia al tipo de fuerza registrada mediante este método.

Con esta metodología de evaluación de la potencia durante el agua se consigue eliminar la falta de especificidad que caracteriza la evaluación de la fuerza y la potencia en seco de los nadadores, si bien es cierto que requiere de unos dispositivos mas costosos, la evaluación de los niveles de fuerza y potencia en el agua es una variable mucho más relacionada con el rendimiento de los nadadores (Zatsiorski & Safarian, 1972).

Esta idea parece consistente con los resultados obtenidos en los estudios en los que se ha medido la potencia en el agua. Costil et al. (1986) encontró que la correlación de la potencia medida en tierra y el rendimiento de sprint fue de $r=.24$. Mientras que la correlación entre potencia en el agua medida con un dispositivo isocinético con un cable atado al nadador, mostraron una relación de r=.84 con el rendimiento de sprint.

Johnson et al., (1993) estudiaron la relación entre la velocidad de nado en 25 yardas a estilo crol con diferentes valores de fuerza y potencia. Los valores de fuerza que se analizaron fue la potencia de nado obtenida en Power Rack, la potencia en banco biocinético o isocinético y 1 RM en press de banca. Solo se obtuvo una correlación simple muy alta entre la velocidad en 25 yardas y la potencia conseguida con el Power Rack con una carga de 1, 5 Kg (r=.88), con la potencia conseguida con el Power Rack con una carga de 7,8 Kg (r=.84). y también con el pico máximo de potencia obtenido en este mismo test (r=.87). Cuando el análisis estadístico fue mediante la regresión múltiple por pasos solo se obtuvo una correlación significativa entre la velocidad en 25 yardas y la potencia obtenida en el Power Rack.

En esta misma línea, Boelk et al., (1997) midieron la potencia en Power Rack en nadadoras utilizando siete protocolos diferentes de aumento de la resistencia y la correlacionaron con la velocidad máxima en 25 yardas. Cada uno de los siete tests de potencia se correlacionaron moderadamente con la velocidad de nado máxima (0,58 a 0,84). El pico de potencia y la potencia media también correlacionaron positivamente con la velocidad máxima. Cuando se combinaron los factores en ecuaciones de regresión el 73% de la velocidad máxima de nado en 25 yardas fue asociada con las variables de Power Rack. Fue mas elevada la relación en los nadadores de club (85%) que en los nadadores universitarios (76%).

Arija et al., (2005) estudiaron la relación entre la potencia obtenida en el Power Rack y la velocidad máxima en 15 metros en 42 nadadores competitivos (22 nadadores y 20 nadadoras). Se obtuvo una correlación significativa entre la velocidad en 15 metros y la potencia de nado medida en el Power Rack. Las correlaciones mas altas se dieron en nadadores masculinos (Crol, r=.789; Espalda, r=.876; Mariposa, r=.899; braza , r=.755).

Judez et al., (2007) encontraron altas correlaciones entre la máxima carga de arrastre y la potencia máxima obtenidas en el dispositivo Aquaforce y el rendimiento competitivo establecido en función de la puntuación del sistema internacional (IPS) en 43 nadadores especialistas en crol y braza.

Los resultados de los estudios anteriores confirman la especificidad de la evaluación de la potencia durante el nado y más concretamente como los parámetros de potencia obtenidos en el dispositivo Power Rack o dispositivos similares como el Aquaforce están estrechamente relacionados con el rendimiento en la natación de velocidad.

3. METODOLOGÍA DE TRABAJO.

3.1 Descripción de la muestra.

La muestra esta compuesta por 67 sujetos, 51 nadadores de nivel nacional (25 finalistas en los campeonatos de España) y 16 nadadores de nivel autonómico, de ambos sexos (37 hombres y 30 mujeres), de edades comprendidas entre 13 y 25 años, con una media de edad de 16.46±3.116 años, peso 63.49±10.09 kg, talla 171.96±8.38 m, y con una media puntuación IPS^2 714.10±91.29 (Véase tabla 1).

Tabla 1. Descripción de la muestra.

SEXO	N	EDAD (años) MEDIA±D.T.	PESO (kg.) MEDIA ±D.T	TALLA (cm.) MEDIA ±D.T	PUNTUACION IPS MEDIA ±D.T
MASCULINO	37	17.11±2.97	68.66±8.85	176.13±7.39	728.46±96.17
FEMENINO	30	15.67±3.14	57.12±7.65	166.82±6.51	696.40±83.05
TOTAL	67	16.46±3.116	63.49±10.09	171.96±8.38	714.10±91.29

En relación al estilo de nado, el mayor porcentaje de nadadores son especialistas al estilo crol (50.7%, n=34), seguidos por el estilo braza (29.9%, n=20), espalda (10.45%, n=7) y, por último, el estilo menos representado corresponde a mariposa (8.96%, n=6).

Por estilos de nado, el grupo de nadadores espaldistas son los que muestran un mayor nivel de rendimiento según la tabla de puntuación IPS con una media de 725±68, en segundo lugar, seguido por el grupo de crolistas con una media de puntuación IPS de 720 ±102, seguido por el grupo de bracistas que presenta una media de 717±83 y por ultimo fue el grupo de especialistas en mariposa el que posee un menor nivel de rendimiento con una media de puntuación IPS de 659±79.

---

^{2} IPS = Sistema de puntaje internacional. El sistema de puntuación internacional (IPS) es elaborado anualmente por la FINA y permite comparaciones entre diferentes pruebas. El sistema del IPS asigna puntuaciones de 0 a 1100 concediendo la puntuación máxima a las marcas de nivel mundial. Los valores se asignan al comienzo de cada temporada basado en marcas absolutas.

Tabla 2: Media de puntuación IPS de los nadadores por estilo de nado.

Estilo de nado	N	Media ± D.T. Puntuación IPS
Crol	34	720 ±102
Espalda	7	725±68
Braza	20	717±83
Mariposa	6	659±79

La categoría infantil es la mas representada (n=35), formada por nadadores de 14 y 15 años y por nadadoras de 13 y 14 años, por detrás la categoría júnior(n=17) con nadadores de 16 y 17 años y nadadoras de 15 y 16 años y por ultimo la categoría absoluta(n=15) formada por nadadores de 18 años en adelante y nadadoras de 17 años en adelante. (Tabla 3).

Tabla 3. Frecuencia y Porcentaje de nadadores por Categoría de edad.

Categoría de edad	Frecuencia	Porcentaje
Infantil	35	52,2
Júnior	17	25,4
Absoluto	15	22,4
Total	67	100,0

Por ultimo es necesario resaltar que la mayor parte de los nadadores son especialistas de distancias cortas de 50 y 100 metros (n=44), siendo menos numerosa la representación en nadadores de distancias de 200 y 400 metros(n=21) y nadadores de 1500 metros(n=2). (Tabla 4)

Tabla 4. Frecuencia y Porcentaje de nadadores por Categoría de especialidad.

	Frecuencia	Porcentaje
Velocistas	44	65,7
Medio fondistas	21	31,3
Fondistas	2	3,0
Total	67	100,0

3.2 Diseño de la investigación.

El diseño de la investigación es de tipo no experimental y descriptivo ya que pretende analizar las respuestas de fuerza y potencia en los diferentes estilos de nado de los nadadores, así como diferencias individuales en relación al sexo, categoría de edad y nivel de rendimiento.

3.3 Variables.

- VARIABLES DEPENDIENTES:

Las variables objeto de estudio son:

- CMA= Carga máxima de arrastre. (Kg). Consiste en el registro máximo de carga que el nadador puede arrastrar en un esfuerzo máximo de 12.5 metros. Esta variable expresa de forma indirecta la capacidad de fuerza máxima absoluta del nadador.
- PM= Potencia máxima.(W). Es el registro máximo de potencia que e capaz de generar el nadador en la realización del test.
- PMaj= Potencia máxima ajustada. (W). Es el registro máximo de potencia que se da en la curva ajustada a los datos reales obtenidos mediante cálculos matemáticos. El coeficiente de determinación (R^2) es siempre mayor de 0,80.

- VARIABLE INDEPENDIENTES:

- Sexo (masculino y femenino)
- Estilo de nado(crol, espalda, braza y mariposa)
- Categoría de edad:
    - Infantil
        - Nadadores de 14 y 15 años
        - Nadadoras de 13 y 14 años
    - Júnior
        - Nadadores de 16 y 17 años
        - Nadadoras de 15 y 16 años
    - Absoluto
        - Nadadores de 18 en adelante
        - Nadadoras de 17 en adelante
- Nivel de rendimiento: (inferior y superior). El grupo de nadadores objeto de estudio fue identificado según su nivel de rendimiento en dos categorías (nivel inferior y nivel superior) en función de la mejor marca actual y la puntuación del sistema internacional (IPS) correspondiente. El sistema de puntuación internacional (IPS) es elaborado anualmente por la FINA y permite comparaciones entre diferentes pruebas. El sistema del IPS asigna puntuaciones de 0 a 1100 concediendo la puntuación máxima a las marcas de nivel mundial. Los valores se asignan al comienzo de cada temporada basado en marcas absolutas. El sistema IPS tiene un sistema de puntos para piscina corta y otro para piscina larga.

Dichos niveles fueron estructurados de la siguiente manera:

- Nivel inferior: nadadores y nadadoras con IPS inferior o igual al valor de la mediana de la puntuación IPS de la muestra del estilo correspondiente.
- Nivel superior: nadadores y nadadoras con IPS superior al valor de la mediana de la puntuación IPS de la muestra del estilo correspondiente.

3.4 Recursos.

1. TECNOLÓGICOS:

- Dispositivo electrónico de medición de potencia concéntrica denominado AQUAFORCE diseñado y construido por la empresa TELJU SA y promovido por el Dr. Fernando Navarro, gracias al apoyo de la Consejería de Ciencia y Tecnología de Castilla La Mancha dentro del proyectos I+D subvenciones para el bienio 2005-2007. Este dispositivo consiste en conjunto de placas de pesos que puede ser colocado al borde de la piscina. El nadador se sujeta a un cinturón o arnés conectado a la placa de pesos por un doble sistema de poleas. Cuando el nadador se desplaza nadando a una velocidad determinada, las placas son elevadas mediante el sistema de poleas. La altura del recorrido limita la distancia que el nadador puede nadar que es aproximadamente 12.5 metros. El dispositivo Aquaforce permite medir la potencia de nado, a partir del peso superado, la distancia recorrida y el tiempo requerido para ello mediante un sistema de células fotoeléctricas situadas en las columnas laterales que soportan las guías para la elevación de las placas. Este sistema es controlado a través de una calculadora de bolsillo (pda) que señala directamente el tiempo empleado por el nadador con cargas diversas.

2. HUMANOS:

- 1 sujeto responsable de la medición y registro del tiempo en cada uno de los intentos que se realizan en el test mediante el dispositivo de células fotoeléctricas y sistema informatizado.
- 1 sujeto responsable de incrementar la carga en el dispositivo Aquaforce en cada uno de los intentos que se realizan en el test.

3.5 Test empleado.

En este estudio se aplicó el Test LED de Fuerza Específica de Nado.

Con este test de nado resistido se realizó una valoración de la potencia máxima de los sujetos, midiéndose las siguientes variables: potencia máxima realizada en el test, la potencia máxima ajustada a la curva basándose en la tendencia o regresión de los datos, y la carga máxima de arrastre.

El protocolo para la aplicación del Test LED de Fuerza Específica de Nado se especifica a continuación:

1.- Mientras el nadador se ata el arnés a la cintura, se ajusta la carga de arrastre en el conjunto de placas, empezando por el valor mínimo que son 10 Kg.

2.- A la voz de preparados, el nadador se sitúa en posición extendida frontal, con los pies extendidos próximos al borde, y tensando el cable de la polea sin que se llegue a elevar la placa de peso que se haya ajustado.

3.- A la voz de ¡ya!, el nadador comienza a nadar imprimiendo la máxima velocidad posible durante un recorrido de 12.5 m (ancho de la piscina), sin producir impulso desde la pared. Una primera célula fotoeléctrica inicia la cuenta del tiempo cuando un pivote situado en el soporte de las placas rompe el haz de rayos que emite. La colocación de esta célula está fijada en el punto en que el nadador ya llevaría recorridos 3.5 metros y habría vencido la inercia inicial.

4.- El nadador completa un sprint de 12.5 metros, hasta tocar la pared del lado contrario. Sin embargo, la segunda célula fotoeléctrica finaliza la cuenta del tiempo una vez que el pivote corta el haz de rayos en 10.5 metros de recorrido del nadador. Así pues, el tiempo medido a la máxima velocidad corresponde a una distancia de nado lanzado de 7 metros.

5.- El nadador descansa entre 3 5 minutos y vuelve a repetir el procedimiento, desde el apartado 1, con una carga de arrastre superior, hasta no ser capaz de completar la distancia de 12.5 m con una carga determinada. Se entenderá como carga máxima de arrastre, la mayor carga elevada en un sprint de 12.5 metros. El incremento de la carga se realiza de tal forma de que al menos se hagan un mínimo de cinco sprints y un máximo de 10.

Una vez es conocida esta información, la potencia generada por el nadador puede ser calculada utilizando el procedimiento expresado en la figura 2.

Figura 2.- Cálculo de la potencia

1. Fuerza = masa(carga en kg) · aceleración (9.81 m/s^2)= N
2. Trabajo = Fuerza · distancia (7 m)= J
3. Potencia = Trabajo/tiempo = W

3.6 Procedimiento.

La recogida de datos para este estudio se obtuvo a través de la realización del Test LED de Fuerza Específica de Nado, aplicado dentro del Programa de evaluación y control de los nadadores (programa EVANAT) que se lleva a cabo con nadadores de nivel nacional y autonómico de Castilla La Mancha por el Laboratorio de Entrenamiento Deportivo de la Facultad de Ciencias del Deporte de Toledo. Previamente a la realización del estudio, se pidió consentimiento paterno a los nadadores menores de edad.

Dos días antes de la realización del test, se realizaron los formularios de recogida de datos, la comprobación y puesta a prueba de los instrumentos de recogida de datos.

Los nadadores fueron citados a las diez de la mañana en el módulo acuático de la Facultad de Ciencias de la Actividad Física y el Deporte de la Universidad de Castilla la Mancha, en su piscina cubierta de 25 metros. El mismo día de la toma de datos, el responsable del test explicó a los nadadores el calentamiento a realizar (400 metros suave, 4x 100 metros /15" progresivos, 100 metros Piernas, 100 metros Brazos sin tabla, 3x 25 metros c/45" progresivos), así como las características del test y protocolo a seguir en este estudio. Para la realización del test se siguió el orden establecido en la planilla de recogida de datos.

3.7 Descripción de las técnicas de análisis de datos que se utilizaran.

El análisis estadístico se llevo a cabo con el paquete estadístico SPSS v 14.0. Para el análisis de los resultados se calcularon los datos descriptivos (Media, desviación típica) de las variables de estudio: carga máxima de arrastre, Potencia máxima y Potencia máxima ajustada. Para el análisis de comparación entre medias de las variables se aplicó la prueba t para muestras independientes o prueba ANOVA de un factor tras la comparación previa de la normalidad de la muestra. En caso contrario se aplicaron las pruebas no paramétricas de test de Mann-Whitney U.

En el caso en que se necesito la aplicación del test *post-hoc*, se aplico la prueba de Bonferroni.

4. RESULTADOS.

Este estudio pretende analizar las posibilidades reales de evaluación de la fuerza y potencia especifica en nadadores mediante el Test LED de Fuerza específica de nado con el dispositivo Aquaforce. A continuación se exponen los resultados más relevantes en cuanto al análisis de las respuestas de carga máxima de arrastre y potencia de nado en función del estilo de nado, del sexo de los nadadores, de la categoría de edad y del rendimiento competitivo de los nadadores.

4.1 Análisis de las diferencias de carga máxima de arrastre y de potencia de nado en función del estilo de nado.

4.1.1. GRUPO MASCULINO.

Los bracistas son los que obtienen una mayor media en carga máxima de arrastre (CMA) (78.62 kg), 11 kg mayor que la obtenida por el segundo grupo que corresponde al grupo de crolistas (67.38 kg), seguido de espaldistas (55 kg) y mariposistas (54 kg). En referencia a la potencia máxima (PM) y potencia máxima ajustada (PMaj) aparecen resultados diferentes. Los crolistas son los que generan mayor potencia, seguido de espaldistas y mariposistas. (Tabla 5)

Tabla 5: Datos descriptivos de las variables CMA, PM y PMaj en relación al estilo de nado en el grupo de nadadores.

		N	Media	Desv. típica	Mínimo	Máximo
CMA Carga máxima de arrastre. (kg)	Crol	21	67.38	19.34	35.00	125.00
	Espalda	3	55.00	13.91	40.00	67.50
	Braza	8	78.62	14.50	60.00	100.00
	Mariposa	5	54.00	10.39	42.50	70.00
	Total	37	67.00	18.36	35.00	125.00
PM Potencia máxima.(W)	Crol	21	446.71	159.716	187.02	919.06
	Espalda	3	305.56	78.74	255.26	396.31
	Braza	8	390.63	62.00	314.13	475.49
	Mariposa	5	292.20	64.34	231.79	393.07
	Total	37	402.26	139.16	187.02	919.06
PMaj Potencia máxima ajustada. (W)	Crol	21	400.14	154.62	156.40	882.67
	Espalda	3	280.53	56.18	245.27	345.32
	Braza	8	347.11	44.64	278.66	426.67
	Mariposa	5	272.08	62.09	224.52	377.01
	Total	37	361.67	129.79	156.40	882.67

No obstante tras la aplicación de la prueba ANOVA (Tabla 6) no se encontraron diferencias significativas en las variables objeto de estudio, pero si se puede resaltar una fuerte tendencia en carga máxima de arrastre (CMA) y potencia máxima (PM).

Tabla 6: Prueba ANOVA de comparación de medias de las variables CMA, PM y PMaj en relación al estilo de nado en el grupo de nadadores.

		Suma de cuadrados	gl	Media cuadrática	F	Sig.
CMA Carga máxima de arrastre. (kg)	Inter-grupos	2361.173	3	787.058	2.657	.064
	Intra-grupos	9774.327	33	296.192		
	Total	12135.500	36			
PM Potencia máxima.(W)	Inter-grupos	131187.142	3	43729.047	2.549	.073
	Intra-grupos	566056.454	33	17153.226		
	Total	697243.596	36			
PMaj Potencia máxima ajustada. (W)	Inter-grupos	92661.597	3	30887.199	1.984	.136
	Intra-grupos	513846.926	33	15571.119		
	Total	606508.523	36			

4.1.2. GRUPO FEMENINO.

Al compararse en el grupo femenino los estilos de crol y braza (Tabla 7), el grupo de bracistas obtiene valores más altos en la carga máxima de arrastre (CMA) con una diferencia aproximada de 9 kg, encontrándose diferencias significativas (p<0.01). También se reflejan valores ligeramente superiores en la media obtenida en la potencia máxima (PM) y la potencia máxima ajustada (PMaj) a favor de las nadadoras bracistas frente al grupo de crolistas, sin que se encontraran diferencias significativas ya que los valores estaban próximos entre los dos estilos.

Tabla 7. Prueba t de student de comparación de medias en variables CMA, PM y PMaj en relación al estilo de nado en el grupo de nadadoras.

		N	M (DT)	t	df
CMA Carga máxima de arrastre. (kg.)	Crol	13	39.42(7.29)	-2.982**	23
	Braza	12	48.33(7.63)		
PM Potencia máxima.(W)	Crol	13	212.05(52.56)	-.462	23
	Braza	12	221.38(48.20)		
PMajPotencia máxima ajustada. (W)	Crol	13	193.80(48.49)	-.439	23
	Braza	12	201.97(44.25)		

Nivel de significación: * p<0.05; ** p<0.01

4.2 Análisis de las diferencias de la carga máxima de arrastre y de la potencia de nado en función del sexo de los nadadores.

4.2.1. RESULTADOS EN EL ESTILO CROL Y BRAZA.

El grupo de nadadores obtuvo valores muy superiores en CMA que el grupo formado por nadadoras, con una diferencia en ambos estilos aproximadamente de 30 kg entre ellos (p<0.01). (Tabla 8)

En las variables PM y PMaj, los valores del grupo masculino son muy superiores al grupo femenino en ambos estilos, existiendo unas mayores diferencias en el estilo crol, donde se encuentra que los nadadores masculinos en estas dos variables consiguieron mas del doble de potencia que el grupo de nadadoras, encontrándose diferencias significativas en los dos estilos en PM (p<0.01) y PMaj (p<0.01). (Tabla 1)

Tabla 8. Prueba t de student de comparación de medias variables CMA, PM y PMaj en relación al sexo de los nadadores para el estilo Crol y estilo braza.

			N	M (DT)	t	df
Grupo de crolistas	CMA Carga máxima de arrastre. (Kg.)	Masculino	21	67.38(19.34)	4.973**	32
		Femenino	13	39.42(7.29)		
	PM Potencia máxima.(W)	Masculino	21	446.72(159.71)	5.103**	32
		Femenino	13	212.05(52.56)		
	PMaj Potencia máxima ajustada. (W)	Masculino	21	400.14(154.62)	4.468**	32
		Femenino	13	193.80(48.49)		
Grupo de bracistas	CMA Carga máxima de arrastre. (kg.)	Masculino	8	78.62(14.50)	6.358**	19
		Femenino	12	48.33(7.63)		
	PM Potencia máxima.(W)	Masculino	8	390.63(62.00)	7.186**	19
		Femenino	12	221.89(48.20)		
	PMaj Potencia máxima ajustada. (W)	Masculino	8	347.11(44.64)	7.407**	19
		Femenino	12	201.47(44.25)		

Nivel de significación: *$p<0.05$; **$p<0.01$

4.2.2. RESULTADOS EN EL ESTILO ESPALDA

Los resultados obtenidos por el grupo masculino fueron superiores a los conseguidos por el grupo femenino en las variables carga máxima de arrastre (CMA), potencia máxima (PM) y potencia máxima ajustada (PMaj). (Tabla 9)

Tabla 9: Datos descriptivos de las variables CMA, PM y PMaj en relación al sexo de los nadadores en el estilo espalda.

	Sexo	N	Media	Desv. típica
CMA	MASCULINO	3	55.00	13.92
Carga máxima de arrastre. (kg)	FEMENINO	4	45.00	13.39
PM	MASCULINO	3	305.57	78.74
Potencia máxima.(W)	FEMENINO	4	237.49	81.19
PMaj	MASCULINO	3	280.53	56.18
Potencia máxima ajustada. (W)	FEMENINO	4	210.15	70.55

Sin embargo, en este estudio no se encuentran diferencias estadísticamente significativas en el estilo espalda entre el grupo masculino y femenino en ninguna de las variables objeto de estudio. (Tabla 10)

Tabla 10. Prueba de Mann-Whitney U de comparación de medias de las variables de estudio a estilo espalda.

	Sexo	N	Rango promedio	Suma de Rangos	Mann-Whitney U	Sig.
CMA	MASCULINO	3	4.67	14.00		
Carga máxima de	FEMENINO	4	3.50	14.00	4.000	.480
arrastre. (kg)	Total	7				
PM	MASCULINO	3	5.33	16.00		
Potencia máxima.(W)	FEMENINO	4	3.00	12.00	2.000	.157
	Total	7				
PMaj	MASCULINO	3	5.33	16.00		
Potencia máxima	FEMENINO	4	3.00	12.00	2.000	.157
ajustada. (W)	Total	7				

4.3 Análisis de las diferencias de carga máxima de arrastre y de potencia de nado en función de la categoría de edad (infantil, júnior y absoluto).

El siguiente estudio pretendía analizar las diferencias en las respuestas de la carga máxima de arrastre y en la potencia máxima de nado entre las categorías de edad (infantil, júnior y absoluto). Este estudio se realizó en las el grupo masculino en el estilo crol y en el grupo femenino en el estilo braza.

4.3.1. GRUPO MASCULINO EN EL ESTILO CROL.

Los nadadores crolistas absolutos consiguieron mejores valores en la carga máxima de arrastre (CMA), potencia máxima (PM) y potencia máxima ajustada (PMaj), seguidos en segundo lugar de los nadadores de categoría júnior y categoría infantil. (Tabla 11)

Tabla 11: Datos descriptivos de las variables CMA, PM y PMaj por categorías de edad pertenecientes al grupo masculino en el estilo crol.

		N	Media	Desv. Típica	Mínimo	Máximo
CMA Carga máxima de arrastre. (kg.)	Infantil	8	56.87	15.04	35.00	80.00
	Júnior	6	60.00	5.70	50.00	65.00
	Absoluto	7	85.71	19.02	67.50	125.00
	Total	21	67.38	19.34	35.00	125.00
PM Potencia máxima.(W)	Infantil	8	346.06	122.14	187.02	533.81
	Júnior	6	405.16	39.32	346.94	456.37
	Absoluto	7	597.34	156.94	430.92	919.06
	Total	21	446.71	159.71	187.02	919.06
PMaj Potencia máxima ajustada. (W)	Infantil	8	307.50	105.99	156.40	472.15
	Júnior	6	365.16	58.76	304.00	459.71
	Absoluto	7	536.00	171.77	358.54	882.67
	Total	21	400.14	154.62	156.40	882.67

Tras la aplicación de la prueba ANOVA (Tabla 12) y la prueba de Bonferroni se presentaron diferencias significativas en CMA y en PM entre la categoría absoluta y la júnior ($p<0.05$) y la categoría de absoluto e infantil ($p<0.01$). En relación a la PMaj, se encontraron diferencias significativas entre las categorías absoluta e infantil ($p<0.01$)

Tabla 12: Prueba ANOVA de comparación de medias de las variables CMA, PM y PMaj en relación con la categoría de edad en sexo masculino en el estilo crol.

		Suma de cuadrados	df	Media de cuadrados	F	Sig.
CMA Carga máxima de arrastre. (kg.)	Entre grupos	3562.649	2	1781.324	8.183	.003
	Intra grupos	3918.304	18	217.684		
	Total	7480.952	20			
PM Potencia máxima.(W)	Entre grupos	250233.092	2	125116.546	8.663	.002
	Intra grupos	259952.802	18	14441.822		
	Total	510185.894	20			
PMaj Potencia máxima ajustada. (W)	Entre grupos	205214.006	2	102607.003	6.767	.006
	Intra grupos	272945.700	18	15163.650		
	Total	478159.705	20			

En la CMA, se encontraron diferencias de 30% entre las categorías absoluto y júnior ($p<0.05$) y diferencias de aproximadamente 34% entre las categorías absoluto e infantil ($p<0.01$).

Los valores conseguidos de Potencia máxima son muy superiores en la categoría absoluta obteniendo diferencias de 32% ($p<0.05$) respecto a la categoría júnior y 42 % frente a la categoría infantil ($p<0.01$).

En relación a los resultados en PMaj solo se encuentran diferencias significativas entre las categorías infantil y absoluto con una diferencia de 43% ($p<0.01$). La diferencia entre la categoría júnior y absoluta fue de 32%.

4.3.2. GRUPO FEMENINO EN EL ESTILO BRAZA.

Las nadadoras bracistas de categoría absoluta mostraron mayores valores en la carga máxima de arrastre (CMA), potencia máxima (PM) y potencia máxima ajustada (PMaj), seguidas por las nadadoras del grupo júnior y del grupo de categoría infantil. (Véase Tabla 13)

Tabla 13: Datos descriptivos de las variables objeto de estudio por categorías de edad pertenecientes al grupo femenino en el estilo braza.

		N	Media	desv. típica	Mínimo	Máximo
CMA Carga máxima de arrastre. (kg.)	Infantil	3	38.33	3.81	35.00	42.50
	Júnior	5	51.50	6.51	42.50	57.50
	Absoluto	4	51.87	3.75	47.50	55.00
	Total	12	48.33	7.63	35.00	57.50
PM Potencia máxima.(W)	Infantil	3	166.81	10.17	156.86	177.19
	Júnior	5	219.66	45.76	170.08	262.88
	Absoluto	4	264.47	14.14	250.39	280.46
	Total	12	221.38	48.20	156.86	280.46
PMaj Potencia máxima ajustada. (W)	Infantil	3	153.78	6.84	147.99	161.33
	Júnior	5	198.25	37.58	159.51	239.23
	Absoluto	4	242.77	26.49	208.56	271.66
	Total	12	201.97	44.25	147.99	271.66

Aplicando la prueba ANOVA (Tabla 14) y la prueba de Bonferroni, aparecen diferencias significativas al estilo braza dentro del grupo femenino en Carga máxima de arrastre respecto a la categoría absoluta con la categoría infantil ($p<0.05$) y entre el grupo absoluto y el grupo de júnior ($p<0.05$). También se obtuvieron diferencias estadísticamente significativas en Potencia Máxima y potencia máxima ajustada (PMaj) entre las categorías infantil y absoluto ($p<0.01$).

Tabla 14: Prueba ANOVA de comparación de medias de las variables de estudio en relación con la categoría de edad en sexo femenino en el estilo braza.

		Suma de cuadrados	df	Media de cuadrados	F	Sig.
CMA Carga máxima de arrastre. (kg.)	Entre grupos	400.312	2	200.156	7.464	.012
	Intra grupos	241.354	9	26.817		
	Total	641.667	11			
PM Potencia máxima.(W)	Entre grupos	16376.266	2	8188.133	8.023	.010
	Intra grupos	9185.304	9	1020.589		
	Total	25561.570	11			
PMaj Potencia máxima ajustada. (W)	Entre grupos	13696.805	2	6848.402	7.851	.011
	Intra grupos	7850.643	9	872.294		
	Total	21547.447	11			

En CMA los valores obtenidos por las categorías absoluta y júnior son superiores a los obtenidos por la categoría infantil con una diferencia aproximadamente de un 23% ($p<0.05$). Las nadadoras bracistas de categoría absoluta obtuvieron valores superiores en PM frente a las nadadoras de categoría júnior (17%) y las nadadoras de categoría infantil (37%) ($p<0.01$).

En relación a la PMaj, también fueron superiores los valores obtenidos por las nadadoras absolutas frente a las nadadoras júnior (19%) e infantiles (37%) ($p<0.01$).

4.4. Análisis de las diferencias carga máxima de arrastre y de potencia de nado en función del rendimiento competitivo de los nadadores.

En este estudio el propósito era analizar las diferencias en carga máxima de arrastre y potencia de nado en función del rendimiento competitivo de los nadadores. Para ello se dividió en dos categorías (nivel inferior y nivel superior) en función de la mejor marca actual y la puntuación del sistema internacional (IPS) correspondiente.

Dichos niveles fueron estructurados de la siguiente manera:

- Nivel inferior: nadadores y nadadoras con IPS inferior o igual al valor de la mediana de la puntuación IPS de la muestra del estilo correspondiente.
- Nivel superior: nadadores y nadadoras con IPS superior al valor de la mediana de la puntuación IPS de la muestra del estilo correspondiente.

Este estudio se realizo en el estilo crol y estilo braza.

4.4.1 .ESTILO CROL.

En la tabla 15, se aprecia como en el grupo de crolistas los nadadores de mayor nivel de rendimiento mostraron mejores valores frente a los nadadores de rendimiento inferior en todas las variables objeto de estudio, con diferencias estadísticamente significativas en las variables CMA ($p<0.01$), PM ($p<0.01$), PMaj ($p<0.01$), (Véase tabla 15).

Tabla 15. Prueba t de student de comparación de medias entre las variables en relación al rendimiento competitivo de los nadadores en el estilo crol

		N	M (DT)	t	df
CMA Carga máxima de arrastre. (Kg.)	Nivel inferior	17	44.11(12.21)	-4.367**	32
	Nivel superior	17	69.26(20.36)		
PM Potencia máxima.(W)	Nivel inferior	17	245.85(95.30)	-4.874**	32
	Nivel superior	17	468.12(162.06)		
PMaj Potencia máxima ajustada. (W)	Nivel inferior	17	224.02 (83.56)	-4.418**	32
	Nivel superior	17	418.46(161.08)		

Nivel de significación: *$p<0.05$; **$p<0.01$

Respecto a la carga máxima de arrastre (CMA), el grupo de mayor nivel fue capaz de movilizar una carga máxima de 69.26 kg frente a los 44.12 kg que desplazó el grupo formado por nadadores de menor nivel de rendimiento, obteniéndose una diferencia entre ambos grupos de 25 kg (37%) ($p<0.01$).

En las variables PM y PMaj, los resultados obtenidos por el grupo de nadadores crolistas de mayor nivel de rendimiento también fue muy superior respecto al grupo de nadadores de nivel inferior encontrándose diferencias del 48% en PM ($p<0.01$) y del 47% en PMaj ($p<0.01$).

4.4.2. ESTILO BRAZA.

El grupo de nadadores bracistas de mayor nivel de rendimiento presenta mejores valores en cada una de las variables objeto de estudio frente al grupo de nadadores con un nivel inferior, con diferencias estadísticamente significativas en las variables CMA ($p<0.01$), PM ($p<0.05$), PMaj ($p<0.05$) (Véase tabla 16).

Tabla 16. Prueba t de student de comparación de medias entre las variables en relación al rendimiento competitivo de los nadadores en el estilo braza

		N	M (DT)	t	df
CMA Carga máxima de arrastre. (Kg.)	Nivel inferior	13	52.23(13.35)	-2.931**	23
	Nivel superior	12	70.41(17.54)		
PM Potencia máxima.(W)	Nivel inferior	13	253.30(95.66)	-2.233*	23
	Nivel superior	12	333.06(81.58)		
PMaj Potencia máxima ajustada. (W)	Nivel inferior	13	232.77(88.98)	-2.079*	23
	Nivel superior	12	298.35(65.94)		

Nivel de significación: *$p<0.05$; **$p<0.01$

El grupo de nadadores de un nivel superior de rendimiento consiguió movilizar una mayor carga máxima de arrastre que el grupo de rendimiento inferior, encontrando una diferencia entre ambos de 18kg (26%) ($p<0.01$).

Los valores de potencia máxima (PM) y potencia máxima ajustada (PMaj) obtenidos por el grupo de nadadores del grupo mayor nivel de rendimiento fueron superiores frente a los obtenidos por el grupo de nadadores con un rendimiento menor encontrando unas diferencias en PM y PMaj del 24% y 22% respectivamente.

5. DISCUSIÓN.

Este estudio amplia las líneas de investigación anteriores de potencia de nado aportando información sobre las respuestas de potencia de los nadadores de alto rendimiento, al presentar diferencias importantes en las respuestas de fuerza y potencia específica de nado obtenidas en el Test LED de Fuerza Específica de Nado en función del sexo de los nadadores, categoría de edad y nivel de rendimiento competitivo.

El análisis de las diferencias en las respuestas de fuerza y potencia en función del estilo de nado se realizó estudiando por separado las respuestas obtenidas por el grupo formado por nadadores y el grupo de nadadoras, para evitar que los resultados estuvieran mediatizados por el sexo de los sujetos. En ambos estudios los nadadores bracistas consiguieron una mayor carga máxima de arrastre (CMA), frente al grupo de crolistas encontrándose diferencias estadísticamente significativas en el estudio realizado sobre las nadadoras (p<0.01) y una fuerte tendencia a la significatividad en el estudio realizado en nadadores. Estos resultados confirman estudios previos donde la fuerza propulsiva generada en el estilo braza fue superior a la generada por el estilo crol (Mosterd & Jongbloed, 1964; Magel, 1970; Monpetit, 1981). Aunque este estilo es el que produce mas carga máxima de arrastre, sin embargo es el mas lento, debido a los movimientos que realiza en nadador bajo el agua que hacen que aumente la resistencia con relación a otros estilos (Arellano, 1992). Las acciones de aceleración y desaceleración que ejercen sobre el cuerpo del nadador tanto los movimientos propulsivos como las fuerzas de resistencia al avance son las responsables de la velocidad intraciclo (Jordá y Tella, 2007). En el estilo braza, los aumentos de velocidad lineal en las fases propulsivas se suceden a descensos de velocidad lineal en las fases de recobro de los brazos y las piernas siendo el estilo que más fluctuaciones de velocidad intraciclo presenta (Chollet et al., 1999; Craig & Pendergast, 1979; Kolmogorov et al., 1997; Maglisho, 1993). Estas fluctuaciones hacen del estilo braza el más lento de los cuatro estilos de nado. La uniformidad propulsiva es un excelente indicador del rendimiento en natación. (Jordá y Tella, 2007)

En relación a la potencia máxima y potencia máxima ajustada, los mayores valores se dieron en nadadores crolistas encontrando una fuerte tendencia a la significatividad y en nadadoras bracistas pero con valores ligeramente superiores a las nadadoras del estilo crol.

Cuando se pretendía analizar las diferencias en carga máxima de arrastre (CMA), potencia máxima (PM) y potencia máxima ajustada (PMaj) en función del sexo de los nadadores, los valores en estas tres variables fueron muy superiores en el grupo masculino frente al femenino en los tres estilos de nado estudiados (crol, braza y espalda), encontrándose diferencias significativas en los estilos crol y braza en CMA, PM y PMaj (p<0.01). En el estudio realizado en grupo de espaldistas los resultados son menos concluyentes ya que no se encuentran diferencias significativas entre ambos sexos, pudiendo ser debido a las limitaciones impuestas por la muestra de nadadores (n=7).

Estos resultados están en concordancia con estudios anteriores en los que se encontró que los nadadores eran capaces de conseguir una mayor fuerza propulsiva que las nadadoras (Costill et al., 1983; Cristensen & Smith, 1987; Hopper Et al., 1983; Monpetit, 1981; Rohrs et al., 1990; y Wells et al., 2006). En este último estudio se encontraron diferencias en la potencia de brazada obtenidos en el banco isocinético en función del sexo de los nadadores en 195 nadadores de élite (89 chicos y 106 chicas) de edades entre 12 y 18 años. Presentando diferencias significativas entre sexos a la edad de 15 años, donde la muestra era más significativa.

Los nadadores poseen mayores niveles de fuerza y potencia específica que las nadadoras debido a factores sociales, motivacionales y fundamentalmente a la maduración biológica, ya que es a partir de la pubertad cuando la rápida elevación de los esteroides androgénicos en los varones causa una drástica aceleración en el tamaño muscular y en la fuerza de los jóvenes. (Blimkie, 1993; Malina & Bouchard, 1991; Sale, 1989), las niñas experimentan un cambio más gradual en fuerza y no muestran un cambio marcado en su ritmo de ganancia de fuerza con la pubertad (Willmore & Costill, 2004). En la pospubertad y adolescencia las ganancias de fuerza para los deportistas masculinos son casi siembre el resultado de un crecimiento muscular debido a los incrementos de la hormona masculina (testosterona) que se dan a partir de la pubertad (Bompa, 2005). Las nadadoras posiblemente no pueden reportar valores similares debido a que sus niveles de testosterona son diez veces menores que en el sexo opuesto (Fox, Bowers & Foss, 1989)

En el estudio donde se pretendía analizar las diferencias en las respuestas en carga máxima de arrastre (CMA), potencia máxima (PM) y potencia máxima ajustada (PMaj) en función de la categoría de edad (infantil, júnior y absoluto), los nadadores de categoría absoluta obtuvieron valores más altos que la los nadadores júnior y que los nadadores infantiles. En cuanto a la carga máxima de arrastre, los nadadores de categoría absoluta mostraron valores muy superiores a los nadadores de categoría júnior (30%) ($p<0.05$) y categoría infantil (34%) ($p<0.01$) en el estudio realizado en nadadores crolistas y diferencias de 23% ($p<0.05$) entre categoría absoluta y júnior con relación a la categoría infantil en el estudio realizado sobre las nadadoras bracistas.

En potencia máxima y potencia máxima ajustada, también se encontraron diferencias importantes entre los nadadores de categoría absoluta frente a la categoría júnior (32% en nadadores ($p<0.05$) y 17% en nadadoras) y respecto a los nadadores de categoría infantil (42% en nadadores y 37% en nadadoras) ($p<0.01$).

A mayor edad de los nadadores y nadadoras, mayores valores de fuerza y potencia especifica de nado, confirmando estudios previos (Boulgakova 1990; Klika & Thorland, 1994; Monpetit, 1981). Well et al. (2006) encontraron que los registros de potencia de brazada medida en banco isocinético aumentaba con la edad de 14, 15, 16, 17 18 años en 195 nadadores de elite. Estas ganancias son debidas a una mayor carga de entrenamiento, una mayor experiencia deportiva y a la maduración biológica. La fuerza mejora al aumentar la masa muscular, la cual llega a su máximo nivel cuando las mujeres tienen entre 16 y 20 años y los hombres, alcanzan entre los 18 y 25 años, a menos que se incremente más mediante el ejercicio, la dieta o ambos. (Willmore & Costill, 2004)

El último estudio que se abordo en esta investigación tenía como propósito analizar las diferencias de carga máxima de arrastre, potencia máxima y potencia máxima ajustada en función del rendimiento competitivo de los nadadores en los estilos crol y braza.

En ambos estilos, los nadadores de mayor nivel de rendimiento presentaron mejores valores en las variables objeto de estudio frente a los nadadores de rendimiento inferior, encontrándose entre ambos grupos diferencias de 37% en CMA ($p<0.01$), 48% en PM ($p<0.01$) y 47% en PMaj ($p<0.01$) en el grupo de crolistas y diferencias de 26% en CMA ($p<0.01$), 24% en PM ($p<0.05$) y 22% en PMaj ($p<0.05$) en el grupo de bracistas

Los resultados obtenidos en este estudio están en concordancia con otros estudios (Yeater et al., 1981; Zatciorsky & safarian, 1972)

Klika & Thorland, (1994), presentaron diferencias estadísticamente significativas en potencia de brazada y potencia de patada durante el nado, en nadadores competitivos de distinto nivel de rendimiento establecido por la marca en 100 yd.

Dado que existen estudios en los que las variables CMA y PM están estrechamente relacionados con el rendimiento (Judez et al., 2007), y estudios que han demostrado una alta correlación entre la velocidad de nado y la potencia (Arija et al.,2005; Boelk et al.,1997; Costill et al., 1983; Costill et al. 1986; Johnson et al.,1993; Toussaint et al., 1990;), se puede interpretar que los nadadores con rendimientos más elevados (mayor puntuación IPS) se caracterizan por poseer mejores valores de potencia máxima y carga máxima de arrastre. Posiblemente el hecho de entrenar a los nadadores para mejorar la Carga máxima de arrastre y la potencia máxima impliquen progresos significativos en el rendimiento de los nadadores, algunos estudios han detectado que un programa de entrenamiento de nado resistido produce mejoras en el rendimiento en 100 metros (Girold et al., 2006; Morison et al., 2005; Toussaint et al., 1990), por lo que el entrenamiento de carga máxima de arrastre y potencia específica pueden ser decisivos para la mejora del rendimiento de los nadadores.

6. CONCLUSIONES.

En análisis de las diferencias de fuerza y potencia en función del estilo de nado se puede concluir que:

- Los nadadores/as bracistas son capaces de desplazar una mayor carga máxima de arrastre frente a nadadores crolistas.
- No existen diferencias significativas en potencia máxima y potencia máxima ajustada entre nadadores/as crolistas y bracistas.

En el análisis de las diferencias de fuerza y potencia en función del sexo de los nadadores se puede concluir que:

- Los nadadores obtienen valores significativamente superiores en carga máxima de arrastre, potencia máxima y potencia máxima ajustada frente a las nadadoras.

En el análisis de las diferencias de fuerza y potencia en función de la categoría de edad de los nadadores se puede concluir que:

- Los nadadores/as de categoría absoluta poseen registros de potencia máxima, potencia máxima ajustada y carga máxima de arrastre significativamente mejores al resto de categorías, seguidos por los nadadores/as de categoría júnior y por último por los nadadores/as de categoría infantil.

En el análisis de las diferencias de fuerza y potencia en función de la categoría de edad de los nadadores se puede concluir que:

- Los nadadores/as de rendimiento superior (mayor puntuación IPS), obtienen valores significativamente superiores a los nadadores/as de nivel de rendimiento superior en los estilos crol y braza.

6.1. Futuras líneas de investigación.

Tras el desarrollo de este estudio y una vez analizados los resultados y extraído las conclusiones, se considera necesario la realización de nuevas investigaciones que:

- Repliquen el estudio con una muestra más numerosa de nadadores de los cuatro estilos de nado.
- Analicen las posibles diferencias de las variables de estudio entre nadadores especialistas según distancia (velocistas, medio fondistas y fondistas.)
- Analicen la interacción de las variables de estudio entre el sexo y la edad de los nadadores.
- Demuestren la influencia que un programa de entrenamiento de fuerza y potencia específica en el dispositivo Aquaforce puede tener en el rendimiento de los nadadores respecto a un grupo control.

7. BIBLIOGRAFÍA.

- Arellano, R. & Pardillo, S (1990). An evaluation of changes in the crawl-stroke technique during training periods in a swimming season. *Biomechanics and Medicine in swimmimg. Swimmimg science* VI: 143-150.
- Arellano, R. (1992). Evaluación de la fuerza propulsiva en natación y su relación con el entrenamiento y la técnica. Universidad de Granada.
- Arellano, R., Pardillo, S., & Garcia, F.(1999). A system for quantitative measurement of swimming technique. Biomechanics and Medicine swimming VIII. Keskinen, K.L., Komi, P.V., and Hollander, A.P. eds. Jyvaskyla. Finland: University of Jyvaskyla. 269-275
- Arija, A., Muñoz, V., Judez, J.L., Juarez, D., Ureña, G., González-Ravé, J.M., Llop, F., & Navarro, F. (2005) "Relationship of swimming power to sprint performance in swimming strokes" *10º ECSS Congress.* Belgrado. Serbia. p126-127
- Blimkie, C.J.R., (1993). Resistance training during preadolescence. *Sport Medicine,* 19(6), 389-407.
- Boelk, A.G., Norton, J.P., Freeman, J.K. & Walker, A.J. (1997). Relationship of swimming power to sprint freestyle performance in females. *Medicine and Science in Sport and Exercise,* 29(5): Supplement abstract 1255.
- Bompa, T.O. (2005). *Entrenamiento para jóvenes deportistas.* Barcelona: Hispano europea.
- Boulgakova, N. (1990). Sélection et préparation des jeunes nageurs. Paris. Vigot,
- Bradshaw, A. B., & Hoyle, J. (1993). "Correlation between sprinting and dryland power." *J. Swimming Research* 9: 15-18.

- Brizuela, G., Llana, S. y Tella, V. (1999). Medición de la fuerza explosiva durante el nado. Calculo de las variables biomecánicas. En Biomecánica de la fuerza muscular y su valoración. Análisis cinético de la marcha, natación, gimnasia rítmica, bádminton y ejercicios de musculación. Ed. Ministerio de Educación y Deportes. C.S.D.
- Chollet, D. (1990). Approche scientifique de la natation sportive. París: Vigot
- Ciccone, D.C., & Lyons, C.M. (1987). Relationship of upper extremity strength and swimming stroke technique on competitive freestyle swimming performance. *Journal of Human Movement Studies*, 13,143-150
- Costill, D. L., Sharp, R., & Troup, J. (1980). Muscle strength: Contributions to sprint swimming. *Swimming World*, 21, 29-34.
- Costill, D. L., King, D. S., Holdren, A., & Hargreaves, M. (1983). Sprint speed vs. swimming power. *Swimming Technique*, May-July, 20-22.
- Costill, D.L., King, R.T., Hargreaves, R. (1985). Effects of reduced training on muscular power in swimmers. *Physician and Sports Medicine* 13(2): 94-101
- Costill, D.L., Rayfield, R., Kirwan, J., Thomas, R.A. (1986). A computer based system for the measurement of force and power during front crawl swimming. *Journal of Swimming Research*, 2, 16-19
- Costill, D.L., Maglischo, E.W., & Richardson AB (1992). *Handbook of Sports Medicine and Science - Swimming*. Blackwell Scientific Publications.
- Crowe, S. E., Babington, J. P., Tanner, D. A., & Stager, J. M. (1999). The relationship of strength and dryland power, swimming power, and swim performance. *Medicine and Science in Sports and Exercise*, 31(5), Supplement abstract 1230.
- Christensen, C.L. & Smith, G.W.(1987). Relationship of maximum sprint speed and maximal stroking force in swimming. *Journal of Swimming Research*, 2, 18-20.
- Dopsaj, M., Milosevic, I., Moatkovic, I,, Arlov, D., & Blagojevic, M. (1999). The relation between sprint ability in freestyle swimming and force characteristics of different muscle groups. En: Keskinen, K.L.; Komi, P.V.; Hollander, A.P. (eds), *Biomechanics and Medicine in Swimming VIII*, Jyvaskyla, Finland:University of Jyvaskyla, 203-208
- Fox, E.L., Bowers, R.W., & Foss, M.L.(1989). *The physiological basics of physical education anl athletics*. Dubuque, IA: Brown
- Girold, S., Calmels, P., Murin, D., Milhau, N., & Chatard, J.C. (2006). Assisted and resisted Sprint Training in Swimming. *Journal of Strength and Conditioning Research* 20(3): 547-554
- Gonzalez Badillo, J.J., y Gorostiaga Ayestarán, E. (1995). *Fundamentos del entrenamiento de la fuerza*. Barcelona Inde.
- Gonzalez Badillo, J.J., y Rivas Serna, J., (2002). *Bases de la programación del entrenamiento de fuerza*. Barcelona. Inde.
- Hawley, J.A., & Williams, M.M. (1991), Relationship between upper body anaerobic power and freestyle swimming performance. *International Journal of Sports Medicine* 12: 1-5
- Hopper, R.T. (1983) Measurement of power delivered to an external weight. En: Hollander A.P. (Ed.) *Biomechanics and Medicine in Swimming*. Human Kinetics, Champaign, Illinois: 113-119.

- Izquierdo, M., y Gonzalez Badillo, J (2006). Tecnologías y aplicaciones en la evaluación de la fuerza. Encuentro sobre Alto Rendimiento Deportivo. Instituto Andaluz del Deporte. Málaga.
- Johnson, R.E., Sharp, R.L., & Hedrick, C.E. (1993). Relationship on swimming power and dryland power to sprint freestyle performance. A multiple regression approach. *Journal of Swimming Research*, 9:10-14
- Jordá J. y Tella V. (2007). El comportamiento de la velocidad intraciclo en natación. En: Pedro Pérez y Salva Llana Eds. Biomecánica aplicada a la actividad física y el deporte. Ayuntamiento de Valencia
- Judez, J.L., Díaz, G., Muñoz, V.E., Carrasco, M., Villarino, S., Clemente, V., Oca, A. y Navarro F. (2007). Diferencias en la potencia específica de nado en función del nivel de rendimiento de los nadadores. *XXVII Congreso de Natación y Acuáticas*. Valencia.
- Judez, J.L., Arija, A., Díaz, G., Muñoz, V.E., Carrasco, M., Oca, A. y Navarro F. (2007). Relación entre la potencia específica de nado y el nivel de rendimiento de los nadadores. *Swimming Science Seminar*. Granada
- Klika R.J., & Thorland, W.G., (1994). Physiological Determinants of Sprint Swimming Performance in Children and Young Adults. *Pediatric Exercise Science*, 6, 59-68
- McArdle, D., & Reilly, T. (1990). Consequences of altering stroke parameters in front crawl swimming ans its simulation. *Biomechanics and medicine in swimming. Swimming science* VI, 125-130. Ed maclaren, D. Reilly, T. & Lees, A.
- Magel, J. R. (1970) Propelling force measured during tethered swimming in the four competitive swimming styles. *The Research Quaterly* 41, 1:69-74
- Maglischo, E. W., Maglischo, C. W., Zier, D. J., & Santos, T. R. (1985). The effects of sprint-assisted and sprint-resisted swimming on stroke mechanics. *Journal of Swimming Research*, 1, 27-33
- Maglisho, E. (2003). *Swimming even faster*. Champaign, Ill. Human Kinetics.
- Malina, R.M., & Bouchard, C.(1991). Growth, maduration and physical activity. Champaign, I11.: Human Kinetics.
- Mosterd W.L. & Jongbloed, J.,(1964). Analysis of the stroke of highly trained swimmers. *European Journal of Applied Physiology* 20, 4: 288-293
- Navarro, F., Gonzalez, J.M., & Garcia, J.M. (1995). Proyecto de investigación DESARROLLO TECNOLOGICO PARA LA MEDICION DE LA FUERZA ESPECIFICA DE NADO. Entidad financiadora: JUNTA DE COMUNIDADES DE CASTILLA-LA MANCHA Duración desde: 22/06/2005 hasta: 31/12/2007
- Navarro, F., Oca, A.,Castañon & Castañon, J. (2003). El entrenamiento del nadador joven. Gymnos. Madrid.
- Navarro, F. (2007). Una nueva propuesta para la mejora de la fuerza especifica de nado. En: Llana, S. y Perez, P. (eds.). Natación y Actividades Acuáticas. Marfil. Valencia. 145-155
- Morrison, L., Peyrebrune, M., & Folland, J. (2005). Resisted-swimming training improves 100 m freestyle performance in elite swimmers (abstract). *Journal of Sports Sciences*, 23, (11 & 12), 1149 – 1303
- Olbrecht,J., Ungerechts, B., Robben, B., Mader, A., & Hollman, W. (1992). Relation between metabolic performance capacity and test results on isokinetic movements

by FIN swimmers. In T.R.D. MacLaren, y A. Lees (Ed), Biomechanics and Medicine in Swimming-Swimming Science VI (pp. 307-311). London: E & Spon.
- Oxford Dictionary of Sports Science . Oxford University Press, 1998, 2006, 2007. Answers.com 22 Aug. 2007. http://www.answers.com/topic/power-623
- Reilly, M.F. (1990). Relationship between freestyle swimming speed and stroke mechanics to isokinetic muscle function. *Journal of Swimming Research*, 3, 11-15.
- Rohrs, D.M., & Stager, J.M. (1990). Relationships between seven anaerobics tests and swim performance. *J. Swimming Research*, 6 (4): 15-19
- Sale, D.G. (1986). *Neural adaptation in strength and power training*. In N.M. y A.J.M.N. Jones (Ed), Human muscle Power. (281-305). Champaign, IL.: Human kinetics.
- Sharp. R. L., Troup, J. P., & Costill, D. L. (1982). Relationship between power and sprint freestyle swimming. *Medicine and Science in Sports and Exercise*, 14, 53-56.
- Sharp, R.L. (1986). Muscle strength and power as related to competitive swimming. *Journal of Swimming Research*, 2:5-10
- Sharp, R.L. (2000).Physiology of Swimming. En: Garret, W.E., Kirkendall, D.T., *Exercise and Sport Science*, Lippincott Williams & Wilkins, Philadelphia, 895-917
- Toussaint, H.M., & Vervoorn, K. (1990). Effects of specific high resistance training in
- the water on competitive swimmers. *International Journal of Sports Medicine*, 11, 228-233.
- Wells, G.D., Schneiderman-Walker, J., & Plyley, M. (2006). Normal Physiological Characteristics of elite Swimmers. *Pediatric Exercise Science*, 17, 30-52
- Wilmore, J.H., & Costill, D.L.(2004). *Fisiología del esfuerzo y del deporte*. Barcelona. Paidotribo.
- Zatsiorski, V.M., & Safarian, J. G. (1972) Examen de los factores para determinar la velocidad en estilo libre. Theorie und praxis der korperkultur(traducido por centro de investigación documentación INEF Madrid) 21, 8: 1-25

Capítulo 2:

DIFERENCIAS EN EL ENTRENAMIENTO DE FUERZA POR METODO DE CONTRASTES Y CONCÉNTRICO EN LA MEJORA DE RENDIMIENTO EN LA PRUEBA DE 50 Y 100 METROS CROL EN NATACIÓN. EFECTOS EN EL DESENTRENAMIENTO.

RESUMEN.

El estudio consistió en la aplicación de un entrenamiento de fuerza por método contrastes y otro por método concéntrico con el objetivo de comprobar su mejora o no en el rendimiento en la prueba de 50 y 100 metros crol en natación, tras las cuatro semanas de aplicación, después se hizo una semana de desentrenamiento para valorar posibles diferencias.

Para ello se escogió una muestra de 15 sujetos, todos ellos hombres de una edad de 27,0 años, de un peso de 79,3 kg. y de una altura 179 cm. categoría máster que practican natación diariamente 4 días por semana, en un club de natación perteneciente a la federación madrileña de natación, y que presentan al menos 5 años, de experiencia competitiva en natación, que se prestaron voluntarios para la realización de este estudio.

Se dividieron en 3 grupos de 5 nadadores cada uno, grupo 1 que realizo un entrenamiento de fuerza por método concéntrico, grupo 2 que realizaron un entrenamiento por método contrastes, ambos realizaron 4 semanas de entrenamiento de fuerza 3 días por semana junto con un entrenamiento de agua 4 días a la semana, el grupo 3 solo realizo entrenamiento en piscina.

Los resultados mostraron que ambos entrenamientos resultaron eficaces en la mejora de la fuerza explosiva, Sin embargo, el grupo 1 fue el único que mejoro su rendimiento en ambas pruebas. Tras la semana de desentrenamiento, los tiempos se mantuvieron estables en la prueba de 100 metros, mejorando solo el rendimiento en grupo 1 en la prueba de 50 metros.

1. INTRODUCCIÓN.

La principal motivación que lleva la autor de este trabajo a emprender los estudios de doctorado fue el deseo constante a lo largo de la vida laboral, de absorber aquellas enseñanzas que ayudasen a la mejora profesional y a trasladar estos conocimientos y ponerlos en práctica como entrenador.

Esta inquietud nació cursando la Carrera de Ciencias de la Actividad Física y el Deporte en la Universidad Autónoma de Madrid. Durante esos años, varios profesores me enseñaron y me introdujeron en este mundo a través de la realización de pequeños trabajos de clase similares a los realizados durante el primer año de doctorado o haciendo investigaciones sobre temas que tuvieran efectos positivos en nuestra formación tras su realización o simplemente que fuera de un tema interesante y enriquecedor para nosotros mismos.

En ese momento es cuando empecé a interesarme por la investigación, a centrar mis lecturas en artículos y publicaciones especializadas, intentando estar un poco más al día en aspectos deportivos que en la actualidad rodean mi entorno profesional, que es la natación, donde continuo siendo entrenador de un club.

En Toledo encontré un programa de Doctorado que coincidía con mi deseo de formarme a través de unas enseñanzas diferentes y con mayor complejidad respecto de lo que estaba acostumbrado hasta la finalización del grado.

El rendimiento deportivo siempre ha despertado en mí un especial interés por conocer más sobre determinados aspectos relacionados con las capacidades físicas u otras facetas como la psicología, la técnica, la táctica, etc., que, igualmente, pueden incidir de forma positiva, y que gracias a su investigación podemos descubrir metodologías que mejoren el resultado final del deportista.

Mi principal motivación a la hora de desarrollar este trabajo de investigación ha sido mi interés por la natación y por la fuerza, la idea de desarrollar este estudio surgió en una charla coloquial con mi director, tras haber indagado en diversas temáticas de estudio, encontramos esta y a los dos nos gusto, de tal forma que poco a poco nos pusimos manos a la obra, él orientándome en los aspectos relacionados con el diseño y metodología, y yo centrándome en llevarlo a cabo.

De una pequeña idea nace este estudio, como entrenador es un tema que me pareció importante en el entrenamiento de fuerza con nadadores, la principal limitación de éste fue que no se encontraron apenas estudios específicos con la temática relacionada pero aun así eso no nos frenó y lo hemos llevado a cabo.

2. MARCO TEÓRICO.

2. 1. Entrenamiento de fuerza.

La realización de ejercicios bajo cualquier tipo de carga es definido como entrenamiento con sobrecarga (Newton, 1999). Debido a que el efecto de la gravedad está presente en cualquier parte de la tierra, la física del entrenamiento con sobrecarga con una carga constante es relativamente simple. Sin embargo, lo que no es simple son los efectos fisiológicos y morfológicos del entrenamiento con sobrecarga (Schilling, 2008). En los programas de entrenamiento con sobrecarga pueden manipularse diversas variables para provocar un resultado especifico (Wernbom et al. 2007).

Durante el entrenamiento con sobrecarga pueden manipularse la carga, el número de repeticiones por serie, el número de ejercicios, el modo de ejercicio (si utilizamos una maquina o peso libre), la velocidad de las repeticiones, la duración del periodo de recuperación, el orden de los ejercicios, la frecuencia de entrenamiento y los ejercicios específicos, para promover un resultado deseado y específico. Dichos trabajos incluyen el incremento de la resistencia muscular, el tamaño muscular, el incremento de la fuerza muscular, el incremento de la potencia muscular, etc. y es improbable que un único programa o método sea efectivo para provocar todos los posibles beneficios del entrenamiento con sobrecarga en forma similar (Schilling, 2008).

Un programa de entrenamiento con sobrecarga para nadadores debe incluir ejercicios que sean efectivos para aumentar la potencia del músculo y no puramente la fuerza. Estos son ejercicios que se pueden realizar de una forma más potente y suponen el rápido desarrollo de la fuerza y/o la alta producción de potencia (Newton, 2003).

La intensidad del entrenamiento de fuerza, a menudo se establece en un porcentaje de una repetición máxima (1RM). El método más ampliamente aceptado para determinar el valor de 1RM de una persona es un método directo, en el cual el máximo realmente se alcanza a través de una serie de intentos. (Hutchins y Gearhart, 2010).

La 1RM es una variable importante cuando se trata de prescribir ejercicios en diferentes poblaciones. La evaluación verdadera de 1RM podría no ser apropiada en ciertas poblaciones. Estos grupos podrían beneficiarse del uso de ecuaciones de predicción que pretenden estimar la fuerza máxima. El uso de repeticiones múltiples para predecir 1RM es beneficioso. Notablemente, se considera que el método es un método más seguro, especialmente en presencia de lesiones conocidas (Abadie et al. 1999).

Knight (1979) fue uno de los primeros en desarrollar programas de ejercicios específicos con carga basados en la 1RM de la persona. Su método era conocido como el Ejercicio de Resistencia Progresivo Ajustable Diariamente (DAPRE) y se utilizó principalmente para entrenar a personas individualmente y para pacientes que estaban recuperándose de alguna lesión.

Knight (1979) fue uno de los primeros en determinar que la predicción de 1-RM a partir de cargas más livianas, aportaba mayor seguridad para los principiantes y para aquellos que estaban recuperándose de alguna lesión.

Para establecer la carga de 1 RM de nuestro estudio, utilizamos el protocolo sugerido por González Ravé, et al. (2008), donde los sujetos realizaron un máximo de 5 intentos con el objeto de establecer el 1 RM, en las ultimas repeticiones con el fin de ajustarse a los 5 intentos se hacia un incremento de la carga de 5 en 5 kilos. Esta carga se aumentaba hasta que el sujeto fallaba en su peso. Ante esta situación se concedía otro intento tras el descenso correspondiente. El último peso levantado correctamente era considerado el 1 RM del sujeto.

2. 2. Entrenamiento de fuerza por método concéntrico.

El entrenamiento de fuerza a través del método concéntrico, según (González y Gorostíaga, 2002) consiste en realizar explosivas contracciones concéntricas sin estiramiento o contramovimiento previo. Se parte de una situación de reposo relativo, con velocidad cero y con cierta relajación. Se "suprime" la fase excéntrica del movimiento por la poca resistencia que se ofrece en la flexión y por el peso relativamente bajo.

Con el entrenamiento de la fuerza a través del método de concéntrico se pueden obtener diversas mejoras, estas se exponen en los estudios encontrados que se muestran a continuación.

Así, por ejemplo, encontramos el estudio de Marler et al. (1999) que compara durante 12 semanas dos tipos de entrenamiento, uno concéntrico y otro excéntrico sobre una muestra de 22 deportistas. Para determinar la significación de ambos métodos se utilizo un test de 1 repetición máxima (1RM). El entrenamiento de fuerza se realizaba tres veces por semanas, tras el periodo establecido se hicieron los post-test sobre los 1RM, obteniendo mejoras significativas en la ganancia de fuerza tras la aplicación de ambos métodos, pero no se produjeron diferencias algunas entre grupos.

Otro estudio importante es el realizado por Evetovich et al. (2001). El propósito su investigación fue examinar los efectos del entrenamiento concéntrico de la fuerza isocinética de la extensión de pierna en rotación máxima (PT) y electromiografico (EMG) con el objetivo de ver las respuestas en los miembros entrenados y no entrenados. 20 hombres fueron los que participaron (11 realizando un entrenamiento y 9 como grupo control). El grupo de 11 sujetos realizó 6 series de 10 extensiones de pierna 3 veces por semana durante 12 semanas a la velocidad de 90°s-1. Todos los sujetos fueron controlados cada 4 semanas para respuestas de PT y EMG de ambas piernas a la velocidad de 90°s-1. Los resultados indicaron un incremento significativo ($p<0,05$) en PT durante las 12 semanas en ambos miembros del grupo entrenado. Sin embargo no hubo diferencias significativas respecto del grupo control. Los datos de EMG no indicaron cambios significativos en la amplitud de EMG en los miembros entrenados o no entrenados para ambos grupos.

Ben-Sira et al. (1995) valoraron los efectos de 4 tipos de entrenamiento de resistencia de fuerza en fuerza concéntrica y área de sección transversal (AST) del muslo en mujeres jóvenes, estos métodos fueron comparados. Los 4 grupos de tratamiento fueron solo concéntricos (Conc. n=12), solo excéntrico (Eccn. n=10), convencional (Conv. n=8), y entrenamiento excéntrico supra máximo (SmET. n=8). Otro grupo de sujetos no entrenaron y sirvieron como control (n=10). Los sujetos entrenaron en una maquina de extensión de rodilla 2 veces por semana durante 8 semanas, realizando 3 series de 10 repeticiones con una carga de comienzo del 65% de 1-RM. La carga fue incrementada un 5% cada 2 semanas. Los resultados indicaron que el SmET. y el Conv. mejoraron significativamente ($p<0,05$) en relación (1-RM/peso corporal) a la fuerza dinámica cuando se compararon con niveles iniciales de fuerza. Tendencias similares aunque no estadísticamente significativas se observaron para Conc. y Eccn. Sin embargo, ninguna de las diferencias entre los 4 grupos de entrenamiento fueron significativas. No hubo cambios en el AST del muslo en ninguno de los grupos de entrenamiento.

Delbaere et al. (2003) estudio los cambios relacionados con la edad en la fuerza muscular concéntrica y excéntrica en las extremidades inferiores y superiores a través de un estudio transversal. Este estudio concluyo que a medida que la edad aumenta, las pérdidas de la fuerza de ambos tipos disminuyen, sin embargo, hay un mantenimiento mucho mayor en los brazos que en las piernas. La aplicación de los resultados a nuestro estudio es escasa, aunque nos sirve de información a la hora de planificar la carga de entrenamiento, intentando que haya mayor número de ejercicios de tren superior, que del inferior, no por lo leído en este articulo, si no que de forma más global, en entrenamiento de fuerza del tren superior es más importante respecto del tren inferior, por su transferencia al agua. (Ramírez, 2008).

2. 3. Entrenamiento de fuerza por método de contrastes.

La fuerza es una capacidad fundamental en la mayoría de disciplinas deportivas. El entrenamiento llevado a cabo para el desarrollo de esta cualidad está en función del tipo de solicitación de fuerza que se requiera en la especialidad deportiva practicada. Para cada una de las manifestaciones de fuerza, existen diversos métodos de trabajo. El método de contrastes es uno de ellos, empleado fundamentalmente para el desarrollo de fuerza explosiva y potencia. Este método de entrenamiento suele utilizarse como medio de transferencia del desarrollo de fuerza máxima a fuerza explosiva, facilitando el proceso y evitando cambios bruscos en la forma de entrenamiento (García Manso, 1999: 287). El método de contrastes actúa sobre los factores fisiológicos y biomecánicos de los que depende la fuerza explosiva siendo uno de los métodos más efectivos en la activación de las unidades motoras rápidas (Garhammer, 1993).

El término "entrenamiento de contraste" se refiere a una sesión de entrenamiento que involucra la utilización de ejercicios con contraste de carga, esto es, la alternancia serie por serie de ejercicios con cargas pesadas y ejercicios con cargas livianas. (Duthie, 2002).

Los primeros precursores del método de contrastes, Spassov y Abadjiev, surgen de Bulgaria, por eso tradicionalmente se le ha conocido como método búlgaro (Tous, 1999: 81). La principal característica de este método es el contraste entre cargas pesadas y ligeras.

El método búlgaro clásico consiste en alternar en la misma sesión series con cargas pesadas (en torno al 90% de 1RM –Repetición Máxima) y ligeras (40-50% de 1RM), realizando los movimientos a máxima velocidad (Cometti, 1999). Pero se puede respetar el principio del contraste introduciendo ejercicios sin cargas externas, es decir, contando sólo con la carga del propio cuerpo. Esta solución es muy interesante, por un lado, para disciplinas de carácter explosivo y, por otro, para los atletas jóvenes. El contraste entre cargas pesadas y ejercicios sin carga es lo que algunos autores han denominado contrastes acentuados (Cometti, 1999).

Igualmente relacionado con estos conceptos está el término entrenamiento complejo, definido por algunos autores como la alternancia de entrenamiento con cargas moderadas a altas (tanto con pesas como con otros elementos que supongan un trabajo muscular intenso: gomas elásticas, balones medicinales,..) (Juarez y Navarro, 2007b).

Las investigaciones sobre programas de entrenamiento que emplean el método complejo parecen escasas (tabla 2. 1.). La mayoría de estos estudios se han llevado a cabo con practicantes de deportes colectivos, estos programas de entrenamiento se llevaron a cabo las 6 y las 12 semanas de duración. (Juarez y Navarro, 2007b).

Tabla 2.1. Estudios sobre programas de entrenamiento que aplican el método contrastes (Juárez y Navarro, 2007b).

Autor y Año	Características de la muestra	Metodología	Resultados	Observaciones
Chirosa, 1997; Chirosa, Chirosa y Padial, 2000	16 jugadores juveniles de balonmano. (27,53 años)	7 semanas, 2 sesiones/semana. G1: 70% de 1Rm de squat + 2-4 lanzamientos en suspensión. G2: 70% de 1RM de squat y 2-4 lanz., pero no seguidos	SJ, SJ25, SJ50, CMJ y ABK mejoran más en G1, pero solo diferencia significativa entre grupos SJ50	El método de contrastes es muy interesante para la mejora de distintas manifestaciones de fuerza dinámica en jóvenes jugadores de balonmano
Mayo y Pardo, 2001	15 jugadoras de balonmano de elite.	7 semanas. 1ª 3 semanas: 3-4 x 8 al 80% con carga elevada + 6 repeticiones sin carga. Siguientes 4 semanas: 3x4-6 al 90-100% con carga media-alta + 4-6 con carga media-baja y baja	Mejora significativa en SJ, salto vertical con ayuda de brazos, press de banca y lanzamiento de balón medicinal. No mejora significativa en CMJ	El método de contraste permitió el progreso en el rendimiento físico de jugadoras con gran experiencia, así como el de las más jóvenes, donde se encontraron los mejores resultados posiblemente por sus niveles inferiores en los valores iniciales
Chirosa, Chirosa, Requena, Feriche y Padial, 2002	30 soldados varones	8 semanas. 3 dias/sem. G1: 70% de 1rm squat + 6-8 multisaltos. G2: 1º de 1RM squat y luego las de multisaltos	Mejoras significativas de ambos grupos en distintas manifestaciones de la fuerza. G1: ganancia más rápida en salto, pero al final no hay diferencias entre grupos. Mayores ganancias significativas en fuerza máxima	El entrenamiento de contraste en la serie es interesante también en sujetos a nivel medio

Autor y Año	Características de la muestra	Metodología	Resultados	Observaciones
García Calvo, Cuevas y Domínguez, 2003	6 estudiantes de Ciencias del deporte (21-24 años)	6 semanas. 2 ciclos de 3 semanas: 100%, 80% y 30%, 3 sesiones por semana. Encadenamientos de ejercicios con pesas y saltos, sprints o golpeos de balón. GE: 3 sujetos. GC: 3 sujetos (no hicieron los entrenamientos)	Mejoras en la velocidad de tiro, SJ y SJ con cargas, CMJ y CMJ con cargas, DJ y DJ con cargas y 30 m	Los resultados no son significativos debido a la escasez de la muestra
Scheneiker, Billaut y Bishop, 2006	16 jugadoras de fútbol australiano (19,2 +- 2,5 años)	6 semanas. G1: 3 sem. FM y 3 sem. Potencia. G2: alternancia de FM y potencia las 6 sem. Volumen e intensidad igualados	Mejoras significativas en ambos grupos en 1RM, ½ squat, pico de pot. En SJ con el 30% de 1Rm, altura de salto vertical, tiempo en 5 y 20 m, y pico de pot. En un sprint máx. de 4 s en cicloergómetro. No diferencias significativas entre grupos	Un programa de entrenamiento aplicando nuestro método complejo no resulta más efectivo que un programa periodizado tradicional. La FM y la potencia se pueden desarrollar de forma concurrente
Juárez, 2006	23 estudiantes de CC. Del deporte (16 chicos y 7 chicas) de 19,39 +- 1,44 años	8 semanas. G1: 4 sem. Fmax + 4 sem. Fexp G2: 8 sem. Fmax+Fexp mediante método complejo Volumen e intensidad igualados	Mejoras significativas en Fmax y Fexp en ambos grupos	Misma efectividad de ambos programas en sujetos con escasa experiencia en el entrenamiento de la fuerza
Verkhoshansky y Tatyan, 1973	103 atletas noveles	12 semanas. 36 sesiones. G1: peso + pliometría. G2: pliometría + peso. G3: DJ	Peor rendimiento del G1 respecto a los otros grupos	No ofrecen datos numéricos. Los resultados se achacan a la inexperiencia de los atletas, opinándose que el entrenamiento complejo es interesante para atletas altamente entrenados.

Autor y Año	Características de la muestra	Metodología	Resultados	Observaciones
Taiana, Gréhaigne y Cometti, 1993	15 futbolistas amateurs (18,1 +- 0,3 años)	10 semanas. Encadenamientos de 4 ejercicios con alternancia entre pesas y saltos o golpeos de balón	Mejora en SJ, CMJa, 10 m y 30 m y empeoramiento en CMJ. Mejora significativa en la velocidad de tiro.	La presencia de un único grupo no permite establecer comparaciones sobre la idoneidad del método empleado con respecto a otros posibles
Navarro et al. 1997	24 jugadores de baloncesto y voleibol	12 semanas. 2 sesiones/semana. 2 grupos para cada deporte. G1: 3-5 x 3RM squat + 11 saltos. G2: 3-5 x 3RM cargada + 5 saltos con sobrecarga y 6 sin sobrecarga	Baloncesto: diferencias significativas entre grupos en squat a favor de G1. Mejorras significativas en ambos grupos en squat, saltar y alcanzar, SJ, CMJ Y CMJb. Voleybol: Diferencias significativas entre grupos en squat a favor de G1. Mejoras significativas en salto en ambos grupos	Puede resultar interesante la aplicación del método complejo para deportes de equipo con ejercicios olímpicos de halterofilia. Cabe destacar que, en tres jugadores de baloncesto, G1 tenía en la evaluación final solo tres sujetos y el G2 siete
Burger, Boyer-Kendrick y Dolny, 2000	78 jugadores de fútbol americano	7 semanas. G1: peso + pliometría. G2: 1°todo el trabajo de peso y luego el de pliometría	Diferencias significativas en salto vertical a favor de G1 y en press de banca a favor de G2. No hubo diferencias significativas en squat	El método complejo es tan efectivo, sino más, que el otro método, en 7 semanas de entrenamiento

Por otro lado este tipo de entrenamiento para el desarrollo de la fuerza se ha mostrado eficaz. En el estudio realizado por Vilaça et al. (2010) donde estudiaron los efectos de un programa de fuerza sobre el SJ (salto vertical), sprint y habilidades especificas de agilidad sobre un método de entrenamiento de contrastes y otro complejo, aplicado a 23 jugadores de elite de futbol portugués. Tras 6 semanas de trabajo en donde se hacían 2 sesiones por semana y cada dos semanas se aumentaba la intensidad en un 5%, dio como resultado una mejora en el sprint y en el Salto vertical. Como conclusión se sugirió que el entrenamiento de contrastes es una estrategia adecuada de entrenamiento para desarrollar la potencia y la velocidad de los jugadores de fútbol.

Otro estudio sobre el entrenamiento de fuerza a través de un método de contrastes, fue el realizado por Duthie et al. (2002), este estudio consistió en:

Examinar la potencia durante el salto desde sentadilla cuando se utilizan el método complejo y el método de contraste para el entrenamiento. Once (n=11) mujeres participaron en una sesión de familiarización y en tres sesiones de evaluación ordenadas aleatoriamente. Una sesión implicó la realización de series de ejercicios de potencia (saltos desde sentadilla) antes de la realización de series de media sentadilla (método tradicional). La segunda sesión implicó la realización de series de media sentadilla antes de las series de saltos desde sentadilla (método complejo). La tercera sesión implicó la realización de series alternadas de media sentadilla y saltos desde sentadilla (método de contrastes).

No se hallaron diferencias significativas en el rendimiento en el salto desde sentadilla entre los métodos de entrenamiento. Hubo diferencias significativas ($p<0.05$) en la primer serie de cada sesión, teniendo el método complejo un pico de potencia significativamente menor. Además, hubo diferencias significativas ($p<0.05$) en el cambio en el rendimiento entre los grupos con mayor y menor nivel de fuerza, en donde el grupo con mayor nivel de fuerza tuvo una mayor mejora en el rendimiento por medio de la utilización del método de contraste en comparación con el método tradicional. Se concluyó que el entrenamiento con el método de contraste es ventajoso para el incremento en la producción de potencia, pero solamente para atletas con niveles de fuerza relativamente altos, ya que el método de contraste provee poca ventaja a los atletas con bajos niveles de fuerza.

En los dos estudios presentados hasta el momento se puede ver como el entrenamiento de la fuerza a través de un método de contrastes tiene mejoras relacionadas con el deporte de forma significativa.

Smilios et al. (2005) examinaron los efectos de un entrenamiento de contrastes a corto plazo mediante la combinación de cargas altas y bajas en el salto de squat (SJ) y el salto de contramovimiento (CMJ). Para su realización se contó con 10 hombres con una edad media de (± 23,0 años) que realizaron los ejercicios de SJ con cargas altas y bajas dos veces con cargas del 30% de 1 repetición máxima (1RM) y 60% de 1RM. En cada entrenamiento, se realizaron tres series de 5 repeticiones con 3 minutos de descanso cuya ejecución se realizo de la forma más rápida posible. El rendimiento del salto vertical fue medido antes del ejercicio, 1 minuto después de cada serie, y a los 5 y 10 minutos de recuperación. Estos datos mostraron que el contraste de cargas puede causar un incremento a corto plazo en el rendimiento de CMJ y del SJ.

El método contrastes se caracteriza por la combinación de dos tipos de cargas en el mismo entrenamiento, estos dos tipos de cargas son de carácter pesado una de ellas, y la otra de carácter ligero. Hermassi et al. (2010) realizan un estudio donde comparan los efectos de un entrenamiento con cargas pesadas y otro con cargas ligeras.

El objetivo de su estudio fue comparar los efectos de ambos entrenamientos durante un periodo de 10 semanas en la potencia máxima de salida, volumen muscular, fuerza y velocidad de los miembros superiores en jugadores de balonmano. En este estudio participaron 26 hombres, que fueron aleatoriamente distribuidos en tres grupos (un grupo que realizo un entrenamiento con cargas moderadas, otro grupo que entreno con cargas pesadas y un último grupo que entreno combinando ambos métodos). Un test en ciclo ergómetro determino la potencia máxima de cada sujeto. El volumen se determino a través de un kit antropométrico estándar. Y a través de 1 repetición máxima (1RM) se determino la fuerza del brazo en el ejercicio de press de banca y pull-over. La velocidad de lanzamiento se midió con carrera y sin carrera previa.

Los resultados determinaron que ambos métodos son efectivos para la mejora de los parámetros estudiados, sin embargo se determino que el entrenamiento combinado de cargas pesadas con ligeras tuvo una mejora mayor sobre la potencia máxima que el resto de grupos.

El entrenamiento de contrastes ha mostrado ser altamente efectivo para mejorar la explosividad tanto a corto como a largo plazo (Baker, 1999 y, Kraemer y Newton, 1994).

Los efectos agudos más importantes que se pueden dar tras un entrenamiento de contrastes (tabla 2. 2.) pueden tener mejoras significativas sobre el rendimiento (Juarez y Navarro, 2007b).

Tabla 2. 2. Efectos de los efectos agudos del método de contrastes. Una revisión de estudios relacionados.

AUTOR Y AÑO	CARACTERÍSTICAS DE LA MUESTRA	OBSERVACIONES
Gulling y Schmidtbleicher, 1996.	Atletas de potencia (Hombres y mujeres)	Mejora en la fuerza explosiva en extremidades superiores o inferiores.
Young, Jenner y Griffiths, 1998.	10 hombres de 18 a 31 años con al menos 1 año de experiencia en el ½ squat	Mejora significativa con el entrenamiento de contrastes en la altura del CMJ con 19 kg. Mejora de los sujetos con experiencia.
Jesen, Ebben, Blackard, 2000.	10 jugadoras de baloncesto (19,9 +- 2,4 años)	El método de contrastes no produjo ni ventajas ni desventajas en el lanzamiento de balón medicinal.
Ebben, Watts, Jensen y Blackard, 2000.	10 chicos (25+-2 años de experiencia en el trabajo con peso y pliometría	No se produjeron mejoras, pero tampoco hubo una disminución del rendimiento.
Evans, Hodgkins, Durham, Berning y Adams, 2000.	10 chicos (25+- 2 años) con experiencia en el trabajo de press de banca.	El método resulto más efectivo para la potencia de las extremidades superiores. Los sujetos mas fuertes pueden verse más beneficiados de este método.
García y Navarro, 2001	12 judokas sub-23 de nivel intermedio	La inclusión de cargas de contraste en sesiones previas a la competición puede resultar interesante.
Matthews, Matthews y Snook, 2004.	20 jugadores de rugby (23,6 +-3,5 años)	El método complejo agudo puede resultar también efectivo para el sprint.

Como conclusión sobre este método de entrenamiento de contrastes, decir que se presenta como una opción de trabajo efectiva, fundamentalmente para el desarrollo de la fuerza explosiva y la potencia. En cualquier caso, hay diversos aspectos que no aparecen de estar del todo claros, como los efectos de este método en sujetos con escasa experiencia en el entrenamiento de fuerza. (Juarez y Navarro, 2007b).

2. 4. Entrenamiento de fuerza en natación.

Los efectos de un programa de entrenamiento en seco en natación han ido evolucionando de forma positiva a lo largo de los años. Según Bulgakova en 1987 el entrenamiento de fuerza en seco puede ser perjudicial para la mejora específica del rendimiento en natación, esta afirmación la basa en su estudio donde comparo dos entrenamientos para la mejora de la fuerza. Los ejercicios se realizaron durante 6 meses, 2 veces por semana, un grupo los hacía en el agua, donde principalmente eran ejercicios resistidos en goma. Y fuera, donde hacían un trabajo mediante un banco isocinético que simulaba la acción de brazos en natación. Tras las semanas de entrenamiento el grupo que entreno la fuerza específica en agua mejoro la velocidad real de nado, así como una aplicación mecánica sobre el agua mucho más firme, respecto del grupo que lo hizo fuera, encontrándose una especial desventaja, que fue que el entrenamiento de fuerza en seco tiene el potencial de negativizar los efectos en el rendimiento de la natación porque interfiere negativamente en la técnica de nado.

Esta concepción ha dado un vuelco con el paso de los años, así es que desde hace ya bastantes años, el entrenamiento de fuerza ha pasado a ser una parte integral de la preparación de los nadadores de competición (Navarro et al. 2003).

En cada una de las pruebas de natación, los movimientos que ocurren son producidos por manifestaciones de fuerza específicas. De manera elemental se distinguen movimientos explosivos en la fase de la salida y en la salida de los volteos, y los movimientos del nado durante un número de veces, por ejemplo desde 18 ciclos en pruebas de 50 metros. (Navarro et al. 2003).

La actitud sobre el entrenamiento ha cambiado en la natación, antes, se aconsejaba a los nadadores que no levantaran pesas. La creencia era que el entrenamiento con pesas construía una musculatura voluminosa y que disminuía la flexibilidad. Ahora los nadadores deben someterse a estos entrenamientos si quieren alcanzar el éxito. (Costill, Maglischo y Richardson, 2001 en Ramírez, 2008).

Estos autores, también dicen que para que un nadador sea competitivo, debe poseer un ritmo y velocidad de aplicación de la fuerza razonable además de la capacidad que les permita aplicar la fuerza en los movimientos específicos de la natación. Por ello es importante siempre buscar esa relación con el agua a lo que hacemos fuera de ella. En lo que concierne a nadar rápido, tanto la fuerza aplicada como la calidad de su aplicación son importantes para el éxito.

El estudio presentado por Garrido et al. (2010a) relaciona el entrenamiento de fuerza en seco y con el entrenamiento de agua, gracias a este estudio podemos comprobar que el entrenamiento de seco tiene como resultado la mejora del rendimiento en natación.

El objetivo del estudio era doble: (1) examinar los efectos de 8 semanas de combinación de fuerza de tierra seca y entrenamiento de natación aeróbico para aumentar la fuerza en las partes superior e inferior del cuerpo, la potencia y el rendimiento de la natación en nadadores jóvenes competitivos y, (2) evaluar los efectos de un periodo de menor entrenamiento (cese del entrenamiento de la fuerza) en la fuerza y el rendimiento de la natación.

Los participantes se dividieron en 2 grupos: un grupo experimental (8 chicos y 4 chicas) y un grupo de control (6 chicos y 5 chicas). A parte de las sesiones normales de practica (6 unidades de entrenamiento por semana de 1hora y 30 min por día), el grupo experimental hizo 8 semanas (2 sesiones por semana) de entrenamiento de fuerza. Los ejercicios principales de fuerza fueron press de banca, extensión de pierna, y 2 ejercicios de potencia como el contramovimiento de salto y tiro de balón medicinal. Inmediatamente seguido a este programa de entrenamiento de fuerza, todos los nadadores hicieron un periodo de desentrenamiento de 6 semanas, manteniendo el programa de natación normal, sin ningún entrenamiento de fuerza.

Un test sobre (25m y 50m), y fuerza (press de banca y extensión de pierna) y potencia (tiro de balón medicinal y salto de contramovimiento) fueron probados en 3 momentos: (1) antes del periodo experimental, (2) después de 8 semanas de entrenamiento combinado de fuerza y nado, y (3) después de 6 semanas de periodo de desentrenamiento. Los dos grupos fueron evaluados. Un entrenamiento combinado de fuerza y nado aeróbico permite desarrollo de fuerza en tierra seca en nadadores jóvenes. Los datos principales no pueden declarar claramente que el entrenamiento de fuerza permite un realce en el rendimiento del nadador, aunque se advirtió una tendencia a mejorar el rendimiento del sprint debido al entrenamiento de la fuerza. El periodo de desentrenamiento mostró que, aunque los parámetros de fuerza permanecieron estables, el rendimiento de la natación seguía mejorando.

Garrido et al. (2010b) propone otro estudio donde relaciona el entrenamiento de fuerza en seco, como mejora de la potencia en la prueba de 25 y 50 metros sprint a estilo libre en nadadores jóvenes competitivos, su muestra estaba compuesta por 28 nadadores jóvenes de nivel nacional. La fuerza muscular se midió a través del press de banca y sobre el de extensiones de pierna, por otro lado la potencia muscular se midió mediante el lanzamiento de balón medicinal y el salto vertical con contramovimiento. Los resultados principales sugirieron que, los test de fuerza en seco y de potencia están asociados significativamente con el rendimiento en las pruebas cortas de natación en nadadores competitivos de edad joven.

Por otro lado es importante señalar que, los nadadores que puedan mantener el promedio más elevado de producción de potencia poseen una gran ventaja sobre sus competidores, ya que durante la prueba, utilizan parte de su potencia máxima ciclo tras ciclo de nado. En la natación la fuerza aplicada en el mínimo de tiempo posible (potencia) tiene vital importancia.

Esta fuerza se le puede llamar fuerza explosiva, en este estudio se estudia se tiene en cuenta la fuerza explosiva y potencia, como método de entrenamiento a realizar para la mejora del tiempo en 50 y 100 a través del método de contrastes y concéntrico, por lo que antes vamos a hacer una breve análisis de lo que supone la fuerza explosiva en natación.

La fuerza explosiva es la capacidad para producir fuerza en la unidad de tiempo, o lo que es igual, es la capacidad que tiene el sistema neuromuscular para superar cargas con mayor velocidad de contracción muscular posible. En natación se puede decir que el tiempo disponible para aplicar esta fuerza en cada una de sus especialidades en natación esta referenciado para determinar el efecto de entrenamiento en lo que para este tipo de aplicación de fuerza sería la curva de fuerza-tiempo y de potencia.

El entrenamiento de la fuerza explosiva en natación tiene como objetivo mejorar la capacidad de producir fuerza en la unidad de tiempo en las condiciones especiales que se dan en la competición: tiempo, carga (resistencia) y modo de ejecución (ejercicio).

Por ello a la hora de planificar el entrenamiento de la fuerza explosiva distinguiremos entre el entrenamiento de la fuerza explosiva acíclica (recomendable para la mejora de la fuerza es el método pliométrico donde se puede utilizar el peso del cuerpo con ejercicios de saltos, que tiene una notable importancia para la mejora del rendimiento en de las salidas y los virajes) y cíclica (utilizado para desarrollar la fuerza explosiva tanto dentro como fuera del agua, utilizando en el entrenamiento dentro del agua ejercicios con sobrecarga, con el propio cuerpo, etc. y gomas, bancos biocinéticos, poleas, etc. si se trata del entrenamiento fuera del agua; siendo importante darle la mayor especificidad al movimiento).

A la hora de planificar es importante diseñar un programa de entrenamiento que cumpla los objetivos propuestos con el objeto de producir mejoras en el rendimiento. Marques et al. (2008) estudiaron los cambios producidos en la fuerza y el rendimiento en la potencia en jugadoras sénior profesionales de elite de vóley durante la temporada. El objetivo de dicho estudio fue describir los cambios en el rendimiento físico después de un régimen de entrenamiento durante la temporada para determinar si tanto la fuerza muscular como la potencia podrían ser mejoradas. Para ello a parte de las sesiones normales de entrenamiento 10 jugadoras completaron 2 sesiones de entrenamiento por semana, en este entrenamiento se uso un método pliométrico y un entrenamiento de resistencia. Sobre la semana 12 de entrenamiento se evaluó la fuerza muscular y la potencia, tal y como se había evaluado antes de iniciar dicho programa.

Los resultados mostraron una mejora en torno a un 11.5% -15% respecto de lo obtenido en los pre-test. Tomando como conclusión que las jugadoras pueden mejorar la fuerza y la potencia durante la temporada de competición poniendo en práctica un programa de entrenamiento bien diseñado que incluya ejercicios pliométricos y de resistencia.

Estos resultados nos ayudan a poder anticipar que es posible que dentro del grupo 1 y 2 en nuestro estudio mejoren de forma significativa el nivel de fuerza inicial ya que muchos de ellos no han desarrollado un programa específico de fuerza antes.

Sin embargo, el estudio realizado por Núñez et al. (2008) tiene un planteamiento similar al de Marques et al. (2008), los efectos sobre la mejora del desarrollo de la fuerza son mejores respecto del pre-test tras la aplicación de las 12 semanas de entrenamiento para la mejora de la fuerza, pero estadísticamente estos resultados no fueron significativos.

Una medida de control para ver la evolución de dicho programa de fuerza es la valoración continua del proceso, con el objetivo de ver como el organismo va asimilando la carga de entrenamiento. En este estudio se harán controles semanales para poder controlar de una mejor forma los cambios o no que se produzcan en base a los entrenamientos propuestos.

En la literatura, existen escasos estudios que nos muestren los cambios específicos de la fuerza con el entrenamiento de contrastes, en comparación con el concéntrico en natación.

2. 5. Desentrenamiento.

Se puede definir el desentrenamiento de la fuerza como el cese del entrenamiento con resistencias o la significativa reducción del volumen de entrenamiento, de la intensidad o de la frecuencia, resultando en un rendimiento reducido (reducción de la fuerza, potencia, hipertrofia o resistencia muscular local) (Kraemer y Ratamess, 2003).

En este proceso pueden ocurrir alteraciones en la actividad hormonal y cambios en la función muscular y neural. Parece que la duración del período de desentrenamiento es importante para la magnitud del cambio así como el estado de entrenamiento del individuo (Kraemer y Ratamess, 2005).

Los efectos del desentrenamiento sobre la fuerza no parecen estar demasiado claros. En general, suele producirse una disminución de la fuerza tanto con periodos de desentrenamiento cortos como largos, pero la variedad de factores que se deben tener en cuenta, pueden llevar al estudio de cada situación de una forma un tanto individualizada, ya que se debe considerar la duración del período de desentrenamiento, si éste implica una interrupción total o no del entrenamiento, las características del entrenamiento realizado anteriormente, el nivel de los sujetos o la manifestación de fuerza evaluada. Respecto a esta última cuestión, existen menos estudios relacionados con los efectos del desentrenamiento sobre las acciones más específicas del deporte. Lo que sí parece estar claro es que, a pesar de las reducciones en la fuerza, los niveles continúan siendo superiores a los que se tenían antes del comienzo del entrenamiento. En ocasiones, se han encontrado mejoras en la fuerza después de varias semanas de entrenamiento, estando esto relacionado con el denominado "efecto retardado". Por todo esto, se necesita más investigación que intente aclarar en mayor medida este fenómeno tan importante de cara a la optimización del rendimiento deportivo. (Juarez y Navarro (2007a).

Durante períodos de estímulo de entrenamiento insuficientes, se produce el desentrenamiento muscular. Este se caracteriza por una disminución en la densidad capilar que puede producirse a las 2-3 semanas de inactividad. La diferencia arterio-venosa de oxígeno disminuye si la interrupción del entrenamiento continúa por más de 3-8 semanas. La disminución rápida y progresiva de la actividad de las enzimas oxidativas provoca una menor producción de ATP mitocondrial. Los cambios anteriores se relacionan con la reducción en VO_{2max} que se observa durante la interrupción del entrenamiento a largo plazo. Estas características musculares se mantienen por encima de los valores de condiciones sedentarias en los atletas desentrenados, pero normalmente regresan a los valores iniciales en los individuos recientemente entrenados. (Mujika y Padilla, 2001).

Concluyendo que: el rendimiento de fuerza generalmente se mantiene cómodamente hasta por 4 semanas de inactividad. (Mujika y Padilla, 2001).

3. OBJETIVOS.

Una vez establecido el marco teórico en el que vamos a desenvolver nuestra investigación y habiendo presentado nuestra revisión de la literatura, los objetivos de esta investigación serian:

1. Analizar los cambios que se producen tras un entrenamiento de fuerza explosiva usando un método concéntrico durante las 4 semanas previas a la competición.

2. Analizar los cambios que se producen tras un entrenamiento de fuerza explosiva usando un método de contrastes durante las 4 semanas previas a la competición.

3. Comparar que método ha sido más eficaz sobre la valoración en 1RM.

4. Comparar que método ha sido más eficaz sobre la respuesta en competición en una prueba de 50 m. crol.

5. Comparar que método ha sido más eficaz sobre la respuesta en competición en una prueba de 100 m. crol.

6. Comprobar las mejoras obtenidas después de 1-2 semanas de desentrenamiento.

4. METODOLOGÍA DE INVESTIGACIÓN.

La metodología llevada a cabo en el desarrollo de este trabajo es característica de una metodología de tipo experimental cuantitativo de carácter experimental ya que en este estudio se realiza un tratamiento (variable independiente) para valorar su efecto sobre las variables dependientes. A continuación se expone el diseño y etapas de la "investigación" que se han realizado.

4. 1. Introducción.

A partir de los objetivos de nuestro trabajo y los problemas a abordar: ¿Existen diferencias entre un entrenamiento en seco concéntrico y uno de contrastes en la ganancia de fuerza sobre un test de 1RM, ha habido cambios? ¿Qué método ha sido más eficaz para el prueba de 50 y 100 metros libre en natación?; vamos a describir a que sujetos se les aplico el entrenamiento de fuerza basado en el método de contrastes y concéntrico, y el entrenamiento de agua. También vamos a describir como se diseño dicho estudio y cuáles fueron las variables que se controlaron.

4. 2. Sujetos y contexto.

15 sujetos, todos ellos hombres de una edad de 27,0 años de media, de un peso de 79,3 kg. y de una altura de 179 cm. que practican natación diariamente 4 días por semana, en un club de natación federado en la Federación madrileña de natación máster, y que presentan al menos 5 años de experiencia competitiva en natación, que se prestaron voluntarios para la realización de este estudio. Todos ellos firmaron un consentimiento informado en el que se les explicaba por escrito el estudio, y se les informaba de los beneficios y riesgos potenciales que conlleva este trabajo.

El volumen de metros que hacen diariamente está en torno a los 2.000 y 3.000 metros, dependiendo del momento de la temporada en el que se encuentren, entrenando por día una hora. En el momento de realización del estudio se encontraban dentro de un modelo de planificación integrado, que se caracteriza por que las cargas de entrenamiento se producen de forma acentuada a lo largo de las sesiones. La figura 4.1 que se muestra a continuación corresponde al modelo de planificación citado y que se está llevando a cabo en el club de natación al que pertenecen los sujetos del estudio.

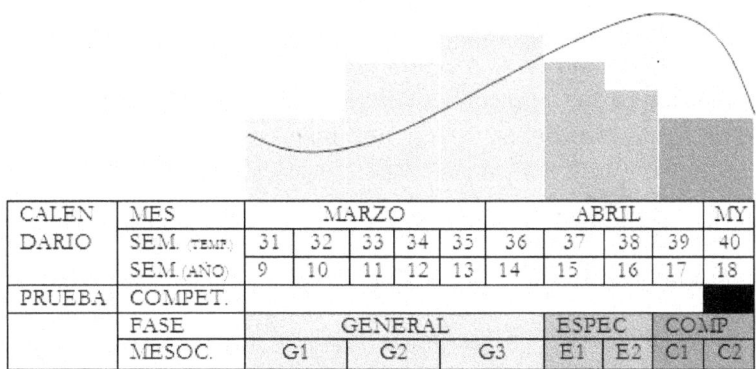

Figura 4.1. Modelo de planificación integrado, llevada a cabo por el club de natación de los participantes en el estudio.

Para el estudio se utilizaron tres grupos, un grupo control que realiza un entrenamiento de estilo convencional, y dos grupos que realizan junto con el entrenamiento convencional uno de fuerza. Decir que la elección de pertenecer a un grupo o a otro dentro del estudio se realizo en torno a la disponibilidad o no de poder hacer el entrenamiento de seco previo al entrenamiento.

Dentro de los dos grupos que participaron en el entrenamiento de fuerza, para elegir que sujetos hacían el entrenamiento concéntrico o de contrastes, se valoró la disponibilidad para poder desarrollar el entrenamiento con los varios componentes del grupo concéntrico para ayudar a la ejecución del mismo, facilitando al deportista la contracción excéntrica en la realización del ejercicio, así como la disponibilidad del grupo que hiciera entrenamiento en contrastes para poder entrenar a la misma hora, y estar los dos grupos juntos.

El programa de entrenamiento de fuerza se llevo a cabo en una sala de musculación de la provincia de Madrid, esta fue en la instalación deportiva municipal de Marqués de Samaranch.

El programa de entrenamiento de agua, se llevo a cabo también en la instalación deportiva municipal de Marqués de Samaranch.

El entrenamiento de seco y de agua estuvo dirigido siempre por un Licenciado en Ciencias de la Actividad Física y del Deporte, también Entrenador Superior de Natación (el investigador responsable de este trabajo). En todo momento, fueron supervisados por un especialista en entrenamiento de fuerza para evitar lesiones.

4. 2. 1. CRITERIOS DE SELECCIÓN DE LA MUESTRA.

Para la selección de la muestra del estudio se tuvo en cuenta dos aspectos: el primero fue la disponibilidad de los sujetos para poder entrenar los días de realización del estudio (lunes, martes, jueves y viernes, durante 5 semanas), a la misma hora y en la misma instalación.

El segundo aspecto fue cumplir una serie de requisitos por parte de los sujetos que iban a participar en el entrenamiento de fuerza, estos fueron:

- Disponer de un tiempo añadido de 1 hora y media al día (más una hora y media de entrenamiento de agua) por tanto casi 3 horas de entrenamiento 4 días a la semana.

- Realizar siempre antes de empezar con el entrenamiento de fuerza un buen calentamiento de todos los músculos y al finalizar realizar estiramientos, con el objetivo de evitar lesiones.

- No tener ninguna lesión anterior que se pueda agravar por el entrenamiento realizado.

- No compaginar el entrenamiento de seco, con otro entrenamiento de fuerza relacionado con otro deporte o de ocio.

- Descansar al menos 7 horas de sueño y llevar una alimentación equilibrada durante el tiempo del estudio.

4. 3. Diseño experimental.

El trabajo se enmarca dentro del paradigma de la investigación cuantitativa, el tipo de diseño es experimental en el que existen dos grupos a los que se les aplica dos tratamientos bien diferenciados (método concéntrico (grupo 1) y método de contrastes (grupo 2); y un grupo control que realiza un entrenamiento convencional. A continuación de muestra el esquema del diseño de nuestro estudio.

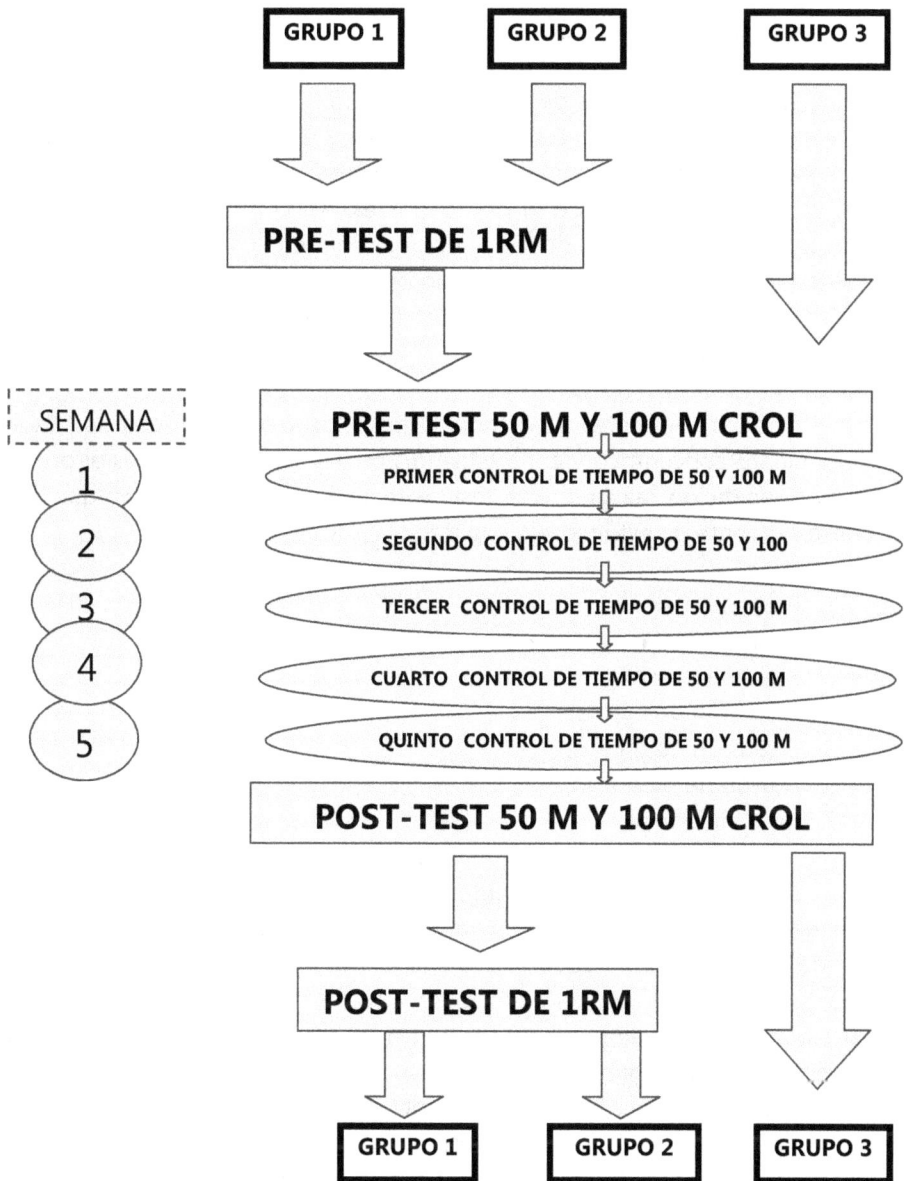

Figura 4. 2. Esquema del diseño de nuestro estudio.

4. 3. 1. TEMPORIZACIÓN DEL PROTOCOLO EXPERIMENTAL.

Tres semanas antes de empezar el estudio, se reunió a los integrantes del grupo 1 y grupo 2, que son los que hacen un entrenamiento de fuerza, para explicarles cómo se desarrolla y se ejecuta los diferentes entrenamientos, ya sea el concéntrico o el de contrastes. Así como enseñarles la ejecución técnica de cada uno de los ejercicios, donde ellos practicaron para conocer a la perfección su ejecución y no provocar lesiones innecesarias por la mala técnica empleada en la ejecución de los ejercicios, sobre todo cuando se trabaje con cargas altas.

Dos semanas antes, se volvió a reunir a los miembros del grupo de entrenamiento concéntrico y contrastes (grupo 1 y 2), para hacerles el pre-test de una repetición máxima. Este test se realizo sobre 7 ejercicios, que en el punto siguiente de este trabajo explicare:

1. Press de banca,
2. Semi-sentadilla,
3. Press de hombro,
4. Extensión de pierna,
5. Extensión de tríceps,
6. Flexión de pierna, y
7. Jalón de dorsal.

Las cargas del entrenamiento de fuerza respetaron el principio de individualización de la carga (respetando que cada deportista puede responder de forma individualizada al entrenamiento deportivo en función de sus características morfológicas y funciones. Cada deportista en su nivel necesita ser tratado individualmente en función a su respuesta adaptativa, nivel de condiciones físicas, habilidades técnicas, características psicológicas intelectuales y de aprendizaje, características del deporte que practique) y el principio de progresión (el entrenamiento deportivo debe de comenzar por lo simple, fácil y conocido para terminar con la dificultad, complejo y desconocido y a su vez debe de recurrir a los diversos grados de dificultad de forma progresiva para provocar la adaptación. La progresión de las cargas se produce teniendo en cuenta: el volumen, la intensidad y la complejidad de la actividad de cada uno de los participantes).

Por ello, se decidió hacer el test de 1 repetición máxima (1 RM) sobre todos los ejercicios que realizaron en el programa de fuerza, para que la prescripción de la carga se realizara de una forma más exhaustiva (teniendo en cuenta el principio de individualización) así como establecer dentro de las 4 semanas de entrenamiento, la primera de adaptación a la carga, y a partir de esta ir aumentando la intensidad (teniendo en cuenta el principio de progresión).

Una semana antes de comenzar, se reunió a los tres grupos para hacerles el pre-test de velocidad sobre la distancia de 50 y 100 metros crol.

Una vez empezado el estudio, los grupos 1 y 2 (concéntrico y contrastes) estuvieron realizando antes de la sesión de agua, los entrenamientos de fuerza, dejando un descanso entre entrenamientos de al menos de una hora. En la quinta semana todos hacían solo agua. Al final de cada semana de entrenamiento (el viernes) se hacia un control de tiempos sobre los 50 y 100 metros crol, con el objetivo de ver la evolución de los sujetos de una forma más exhaustiva.

Al finalizar las 5 semanas de entrenamiento se dejo una semana de desentrenamiento para ver posibles mejoras o no tras el entrenamiento y se volvió a hacer un test (post-test) sobre una repetición máxima a los sujetos del grupo 1 y 2 que realizaron entrenamiento concéntrico y de contrastes respectivamente durante el proceso de entrenamiento, y un control del tiempo en 50 y 100 metros por parte de todos los grupos que participaron en el estudio.

4. 3. 2. PLANIFICACIÓN DEL ENTRENAMIENTO.

En la planificación del entrenamiento de nuestro estudio hay que distinguir por un lado el entrenamiento de agua realizado en piscina y el entrenamiento de fuerza realizado en una sala de musculación.

El entrenamiento de agua duro 5 semanas, durante este tiempo las sesiones de entrenamiento fueron de 4 por semana, distribuyéndose así: lunes, martes, jueves y viernes.

Los objetivos de entrenamiento de cada uno de los días estuvo marcado por el cuerpo técnico del club donde se desarrollo el estudio, de tal forma que el estudio finalizaba y coincidía con la competición más importante de la temporada para ellos, que era el campeonato de Madrid "Open Máster". A continuación se detallan por semanas los entrenamientos de agua realizados cada día:

Tabla 4. 1. Entrenamientos de agua: semana del 5 al 9 de abril.

SEMANA 1
LUNES 5: Objetivo: Aeróbico ligero y técnica.
400 variado (AEL)   16x50/5" (AEL-TÉC)   1 a 4 técnica   5 a 8 palas-pull   9 a 12 piernas   13 a 16 remadas   4x200/5" (AEL)   1 y 3) crol   2) braza   4) espalda   200 variado (AER)   *Total: 2200 metros.*
MARTES 6: Objetivo: Aeróbico ligero, medio e intenso a baja intensidad.
400 variado (AEL)   2x 2x50/5" piernas   100 pull/5" (AEL)   4x 2x100/15" (AEM)   4x50/c/1' (AEI)   200/1' (AEL)   100 variado (AER)   *Total: 3300 metros.*
JUEVES 8: Objetivo: Aeróbico ligero, medio e intenso a alta intensidad.
400 variado (AEL)   6x100/10" (50 contrastes-50 nado) (AEL)   3x(8x50/descanso variable)2' (AEL-M-I)   1 y 2: 2x50/c/50" AEI   3 y 4: 2x50/c/1' AEL   5 y 6: 2x50/ c/1' piernas AEM   7 y 8: 2x50/c/50" AEI   100 variado (AER)   *Total: 2300 metros.*
VIERNES 9: Objetivo: Velocidad.
400 variado+200 variado+200téc+100 nado (AEL)   Toma de 100/3'   300 (25fuerte-50 suaves)/2' (AEM)   6x50/3' (ANA. ALA)   1) Toma de 50 crol.   2 a 6) Estilo propio.   200 variado (AER)   *Total: 1900 metros.*

AEL: Aeróbico Ligero; AEI: Aeróbico Intenso; TEC: Técnica; AEM: Aeróbico Medio; TOLA: Tolerancia Láctica; MPLA: Potencia Láctica.

Como se puede observar en la anterior tabla y en las cuatro siguientes, en los viernes, como mostramos en el punto anterior, se hace un control de tiempo sobre la distancia de 50 y 100 metros crol. En la última semana, en la 5, cambia la mecánica, de tal forma que la toma de tiempo se hace en la competición que hay ese fin de semana en Madrid. Teniendo que nadar todos los sujetos la prueba de 100 y 50 metros en la competición.

Tabla 4. 2. Entrenamientos de agua: semana del 12 al 16 de abril.

SEMANA 2
LUNES 12: Objetivo: Aeróbico ligero, medio e intenso a alta intensidad.
600 (AEL) 200 variado, 100 piernas, 100 brazos, 100 técnica, 100 estilo propio. 2x(10x100/30")1' 2 (AEM)-2 (AEL)-2 (AEI)-2 (AEM)-2 (AEI) 100 Suaves. (AEL) *Total: 2700 metros.*
MARTES 13: Objetivo: Aeróbico ligero y técnica.
600: 200variado-200 espalda-200 estilo propio (AEL) 8x50/15" 25 piernas (AEM)-25 nado estilo propio (AEL) 10x100/15" Imp.: técnica (AEL)-pared: nado (AEL): 1) punto puerto, 3) puños, 5) mano abierta, 7) punto muerto arriba. 6x200/20" Imp.: aletas-Pares: sin aletas o pull. (AEL) 100 suaves. (AEL) *Total: 3100 metros.*
JUEVES 15: Objetivo: Velocidad.
600: 200 nado-100 piernas sin tabla (AEL) 4x75/20" Progresivo c/75 (AEM) 4x75/5" Regresivo c/75 (AEM) 4x (4x25/1') 5' (ANA. POT.) 1)piernas, 2) brazos-palas, 3) técnica, 4) nado 200 suaves (AEL) *Total: 1800 metros.*
VIERNES 16: Objetivo: Aeróbico ligero, medio e intenso a alta intensidad.
100 variado (AEL) Toma de 100 metros de crol/3' 300: 100 variado-100 espalda-100 crol (AEL) Toma de 50 metros de crol/1'-100suaves-1' 4x(10x50/c/1')2' 2 (AEI)-2 (AEL)-2 (AEI)-2 (AEM)-2 (AEI) 100 suave (AEL) *Total 2650 metros.*

AEL: Aeróbico Ligero; AEI: Aeróbico Intenso; TEC: Técnica; AEM: Aeróbico Medio; TOLA: Tolerancia Láctica; MPLA: Potencia Láctica.

Tabla 4. 3. Entrenamientos de agua: semana del 19 al 23 de abril.

SEMANA 3
LUNES 19: Objetivo:Tolerancia Láctica (TOLA).
500 variado (AEL)   4x100/15" Idas: Piernas fuerte, Vueltas: Piernas suave. 1y3: Estilo propio 2y4: Libre.   24x25/40" (TOLA) Estilo propio.   100 suaves. (AEL)   *Total: 1600 metros.*
MARTES 20: Objetivo: Velocidad.

500: 100 libre-100 estilos-100 espalda-100 estilos-100 libre (AEL)
 6x50/15" 1y4) (AEM) Todas las series Crol
        2y5) (AEL)
        3y6) (AEI)
 2x(4x15/1')3'
 100 suaves. (AEL)
 Total: 1020 metros.

JUEVES 21: Objetivo: Aeróbico ligero y técnica.
500: ¿? (AEL)   8x200/40" (AEL-TÉC)   1) piernas, 2) brazos, 3) remadas arriba, 4) técnica, 5) remadas abajo, 6) técnica, 7) remadas medias, 8) nado   100 suaves. (AEL)   *Total: 2200 metros.*
VIERNES 22: Objetivo: TOLA-MPLA.
300 variado (AEL)   4x100/6' Primera serie Toma de 100 metros. (MPLA).   100 suaves. (AEL)   4x50/1' (100%) Primera serie Toma de 50 metros. (TOLA)   100 suaves. (AEL)   *Total: 1100 metros.*

AEL: Aeróbico Ligero; AEI: Aeróbico Intenso; TEC: Técnica; AEM: Aeróbico Medio; TOLA: Tolerancia Láctica; MPLA: Potencia Láctica.

Tabla 4. 4. Entrenamientos de agua: semana del 26 al 30 de abril.

SEMANA 4
LUNES 26: Objetivo: TOLA.
400: 100 c-100 estilos-100 e-100 estilos(AEL) 4x75/15" 1y3) progre 2y4) regresivo (AEM) estilo propio. 4x(6x50/30")5' (TOLA) 1) y 3) Estilo propio; 2 y 4) Segundo estilo de competición u otro estilo. 100 libres. (AEL) *Total: 2000 metros.*
MARTES 27: Objetivo: Ritmo de prueba.
400: 75 crol-25 otro estilo. (AEL) 6x100/20" 25 buceo-25 espalda suave-50 ritmo (AEI) Según Especialidades (100-50): (RITMO DE PRUEBA): -Series Rotas: 2x(2x50/5")1' 4x(2x25/5")1'30" 200 suaves. (AEL) *Total: 1800 metros.*
JUEVES 29: Objetivo: Ritmo de prueba.
600: 200 crol-100pn c-200 espalda-100pn e (AEL) 8x75/20" 25 F epropio-25 espalda doble-25 F estilo propio. (AEI) Según Especialidades (100-50): (RITMO DE PRUEBA): -Series simuladas: 2x(25/10"-50/5"-25/10")1' 4x(15 m salida/5"+10/5"+15/5"+10) 2' 200 suaves. (AEL) *Total: 1800 metros.*
VIERNES 30: Objetivo: Aeróbico ligero y técnica.

600: ¿? (AEL)
Toma de 100 metros/3'
10x100/15" Impares: 50técnica 50 nado-Pares: piernas/brazos(AEL-TÉC)
Toma de 50 metros/3'
4x150/20" (AEL)
   1) Crol respirando cada 3
   2) Estilo propio.
   3) Crol respirando cada "X" brazadas a un ritmo cómodo.
   4) Suave
Total: 2350 metros.

AEL: Aeróbico Ligero; AEI: Aeróbico Intenso; TEC: Técnica; AEM: Aeróbico Medio; TOLA: Tolerancia Láctica; MPLA: Potencia Láctica.

Tabla 4. 5. Entrenamientos de agua: semana del 3 al 7 de mayo.

SEMANA 5
LUNES 3: Objetivo: Aeróbico ligero.
500 variado (AEL) 1x500 crol respirando cada 3(AEL) 2x400/40" 75 estilo propio-25 otro estilo (AEL) 3x200/30" 150 crol-50 otro estilo (AEL) 4x100/20" 1y3) estilo p. 2y4) piernas estilo p. (AEL) 100 suaves. (AEL) *Total: 2900 metros.*
MARTES 4: Objetivo: Velocidad.
500: 50 c-50 otro estilo (AEL) 6x150/20" 50 piernas estilo p.-50 estilo p.-50 estilo libre (pro 0-150) 8x75/10" 25 estilo propio-50 estilo libre (regresivo 0-75) 4x25/1'30" salida desde poyete. (100%) 100 suaves. (AEL) 4x15/1' salida desde poyete. (100%) 100 suaves. (AEL) 4x10/30" llegadas. (100%) 100 suaves. (AEL) *Total: 2000 metros.*
JUEVES 6: Objetivo: Ritmo de prueba.
500: 100 c-100 estilo propio-100 espalda-100 estilo propio-100 braza (AEL) 8x100/20" Progresivas. Impares: estilo propio-Pares: estilo libre. (AEI). Según Especialidades (100-50): (RITMO DE PRUEBA): series simuladas y rotas. 200: 100: 50/5"-50 100: 50/10"-50 50: 25/5"-25 100 suaves. (AEL) *Total: 1700 metros.*
VIERNES 7: Objetivo: Aeróbico ligero.
La toma de 100 metros y la de 50 metros, la hacen en la competición del sábado-domingo. 500 variado. (AEL) 200 variado(AEL) 4x100/10" estilos (AEL) 200 variado (AEL) 4x200/15" c c/3-e-c-b (AEL) 200 suaves (AEL) *Total: 2450 metros.*

AEL: Aeróbico Ligero; AEI: Aeróbico Intenso; TEC: Técnica; AEM: Aeróbico Medio; TOLA: Tolerancia Láctica; MPLA: Potencia Láctica.

En cuanto al entrenamiento de fuerza se exponen a continuación los dos métodos utilizados en este estudio, uno de ellos es a través del método concéntrico, que consiste en realizar explosivas contracciones concéntricas sin estiramiento o contramovimiento previo (González y Gorostíaga, 2002:197). Y el otro método, método contrastes, que según los mismos autores consiste en la utilización de pesos altos y bajos en la misma sesión de entrenamiento.

Los entrenamientos realizados durante las 4 semanas que duro el entrenamiento de fuerza, fueron los siguientes:

-Método Concéntrico:

Tabla 4. 6. Entrenamiento por método concéntrico.

SEMANA	GRUPO CONCÉNTRICO
1	3x6/3' (60%)
2	4x6/3' (70%)
3	5x6/3' (80%)
4	6x6/3' (80%)

-Método Contrastes:

Tabla 4. 7. Entrenamiento por método contrastes.

SEMANA	GRUPO CONTRASTES
1	3x10/1' (40%) + 3x5/2' (60%)
2	3x10/1' (40%) + 3x5/2' (80%)
3	3x10/1' (50%) + 3x6/2' (80%)
4	3x10/1' (50%) + 3x6/3' (90%)

En ambos métodos se utilizaron los mismos ejercicios, estos ejercicios se describen a continuación, estos se describen detallando su posición inicial y acción:

-Press de banca:

-Posición inicial: acostados sobre un banco plano, glúteos en contacto con el banco y pies en el suelo. Coger la barra con las manos en pronación y separadas en una longitud superior a la anchura de los hombros.

-Acción: se realiza una flexión de codos en la extensión inicial, llevando estos (los codos) hacia el exterior, hasta llegar con la barra a rozar la línea media del pecho, sin descansar la barra en el mismo, se extienden los codos hasta la posición inicial.

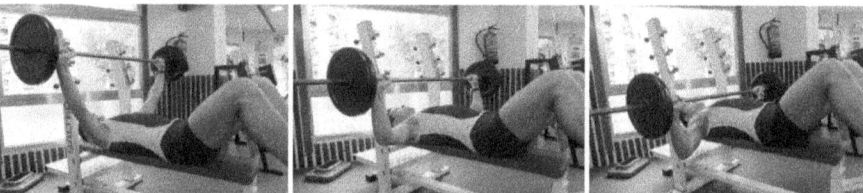

Figura 4. 3. Posición inicial, recorrido y posición final del ejercicio de press de banca.

-Semi-sentadilla:

-Posición inicial: colocarse de pie, frente a una jaula o soporte para sentadilla, donde previamente hemos colocado una barra larga. Ubicarse debajo de la misma, colocándola en la parte superior de la espalda (trapecios). Las manos sujetan la barra con un agarre amplio y palmas al frente. Elevar la barra, con la espalda recta, sacándola de los soportes. Los pies tendrán una separación igual o mayor que la anchura de los hombros.

-Acción: realizar una ligera flexión de rodillas, manteniendo la espalda lo mas recta posible, hasta que los músculos queden diagonales respecto del suelo. Y desde aquí, volver a la posición inicial.

Figura 4. 4. Posición inicial, recorrido y posición final del ejercicio de semi-sentadilla.

-Press de hombro:

-Posición inicial: sentado en un banco con respaldo y con la espalda recta y bien apoyada. Se coge la barra por detrás de la nuca (en el estudio, algunos sujetos lo hicieron en maquina, donde el recorrido lo marca la propia maquina). El agarre se realiza más amplio que a la anchura de los hombros.

-Acción: Flexionar los codos, hasta que adquiera un ángulo aproximado de 90º, que sería rozando con la barra la parte superior del trapecio, para luego extender los codos y llevar la barra a su posición inicial sin bloquear los codos al final de esta fase.

Figura 4. 5. Posición inicial, recorrido y posición final del ejercicio press de hombro.

-Extensión de pierna:

-Posición inicial: sentado en la maquina, manos agarrando el asiento o los brazos del sillón para mantener el tronco inmóvil, rodillas flexionadas y los tobillos colocados debajo de los cojines (a la altura del empeine).

-Acción: realizar la acción de extensión de la rodilla y desde el máximo punto extensión volver a la posición inicial.

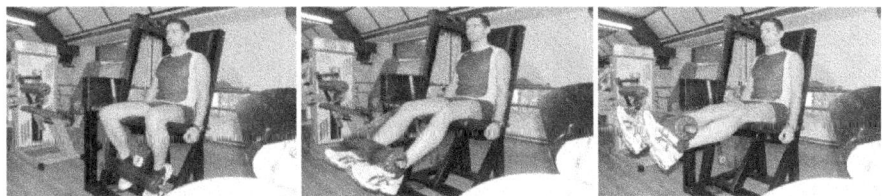

Figura 4. 6. Posición inicial, recorrido y posición final del ejercicio de extensión de piernas.

-Extensión de tríceps:

-Posición inicial: De pie, de cara al aparato (polea alta) a una distancia que permita realizar el movimiento en todo su recorrido sin que el cable roce la cara del sujeto. Se flexiona ligeramente el tronco hacia delante. Los brazos pegados al tronco y con los antebrazos flexionados sobre los brazos. El agarre es estrecho, con las palmas hacia abajo.

-Acción: Extender los codos y volver a la posición inicial.

Figura 4. 7. Posición inicial, recorrido y posición final del ejercicio de extensión de tríceps.

-Flexión de pierna:

-Posición inicial: sentados sobre la maquina, las manos en los agarres, las piernas extendidas, tobillos ajustados en los cojines propios de la maquina, que deben de caer en la parte posterior del pie justo por encima de los tendones de Aquiles y no en los gemelos.

-Acción: Flexionar las rodillas hasta formar un ángulo de 90º, entre los muslos y las pantorrillas.. Y desde esta posición volver a la inicial.

Figura 4. 8. Posición inicial, recorrido y posición final del ejercicio de flexión de pierna.

-Jalón de dorsal:

-Posición inicial: sentados con las piernas sujetas en los apoyos correspondientes de la propia maquina, de tal forma que los muslos queden bien sujetos para evitar que estos se levanten cuando se ejecute el ejercicio. Sujetando la barra a una anchura superior que a la anchura de los hombros.

-Acción: realizar una flexión de codos hasta llevar la barra a la parte superior del trapecio. Y desde ahí subir hasta la posición inicial.

Figura 4. 9. Posición inicial, recorrido y posición final del ejercicio de jalón de dorsal.

4. 4. Variables.

4. 4. 1. VARIABLE INDEPENDIENTE: EL ENTRENAMIENTO DE FUERZA.

Los métodos de entrenamiento para el desarrollo de la fuerza a través del método concéntrico y método por contrastes siguen un desarrollo y aplicación de la carga bien diferenciados.

El programa de entrenamiento de fuerza que se ha diseñado tiene la finalidad de mejorar la fuerza explosiva de los varios grupos musculares, principalmente los que se trabajan (pectorales, cuádriceps, femorales, tríceps, hombro y dorsal) con el entrenamiento especifico de seco.

Nuestro protocolo de trabajo ha consistido en un programa de entrenamiento de 5 semanas, en el que las primeras 4 semanas se han realizado tres sesiones de fuerza a la semana, en la primera se utilizaron cargas bajas para que se produjera una pequeña adaptación a la carga de entrenamiento y que los sujetos que nunca habían desarrollado un programa de fuerza tuvieran una primera toma de contacto. Tras la primera semana de entrenamiento las cargas fueron aumentando en intensidad hasta la cuarta semana de que dio por finalizado dicho programa siguiendo únicamente un entrenamiento de agua 4 veces por semana como se había hecho en las semanas donde se combinaba entrenamiento en seco y agua por los grupos 1 y 2, ya que el 3 durante todo el estudio solo hizo entrenamientos de agua.

Los métodos utilizados para el desarrollo de la fuerza explosiva son dos, el primero es el método concéntrico que consiste en realizar explosivas contracciones concéntricas sin estiramiento o contramovimiento previo (González y Gorostíaga, 2002:197). Y el otro método, método contrastes, que según los mismos autores consiste en la utilización de pesos altos y bajos en la misma sesión de entrenamiento; tal y como ya mencionamos en el apartado anterior.

En el entrenamiento por método concéntrico el número de repeticiones por ejercicio se mantuvo durante las 4 semanas, estas fueron 6 repeticiones, lo que se vario semana a semana fue la intensidad de la carga y el numero de series, quedando de la siguiente forma: en la primera semana 3 series al 60%, en la segunda 4 series al 70%, en la tercera 5 series al 80%, y en la última se mantuvo la intensidad variando únicamente el numero de series que se subió a 6. El descanso tras hacer cada trabajo con carga fue de 3 minutos. Entre ejercicio y ejercicio este vario debido a la disponibilidad de la máquina para poder seguir con el entrenamiento.

Por otro lado, en el entrenamiento por método contrastes, hubo más variación de la intensidad llegando hasta el 90% la última semana, la primera semana fue al igual que en el método concéntrico se combinaron intensidades bajas (40%-60%) donde se realizaron 3x10 y 3x5 respectivamente; la primera serie (3x10) se mantuvo así durante las cuatro semanas, lo único que cambio fue que en la tercera y cuarta semana se elevo la intensidad al 50% manteniendo el número de series, repeticiones y de descanso (que fue de 1 minuto) este descanso fue para preparase para realizar la siguiente carga que era con menos repeticiones (las dos primeras semanas 5, y las dos siguientes 6) aumentando también la intensidad de 60% la primera semana, a 80% la segunda y tercera, y de 90% la última. El descanso tras el primer trabajo con cargas ligeras fue de un minuto, mientras que con cargas más intensas este fue de dos minutos.

4. 4. 2. VARIABLES DEPENDIENTES.

Se han utilizado para la determinación de la fuerza máxima tres tipos de medidas para comprobar si han existido modificaciones en la ganancia de fuerza y por lo tanto la mejora en la prueba de 50 metros y 100 metros crol. Estas han sido las siguientes: el test de 1 RM sobre los diferentes ejercicios y la toma de tiempos en las pruebas de 50 y 100 metros crol.

-1RM:

Una repetición máxima sobre, principalmente dos ejercicios de fuerza, el press de banca y la semi-sentadilla; aunque también se hizo sobre el press de hombro, extensión de tríceps en polea alta, jalón a nuca de dorsal, extensión y flexión de pierna; todos los ejercicios implicados de forma directa en la técnica de nado a crol.

-Tiempo en 50 y 100 metros:

Durante la realización del estudio se han ido haciendo registros de tiempo semanales sobre los 50 y 100 metros para que la observación de posibles cambios se hiciera de una forma más minuciosa.

4. 5. Procedimiento.

La captación de voluntarios se realizo entre los nadadores de competición del club de natación máster que entrenan en la instalación deportiva municipal Marques de Samaranch. Para ello se hizo una reunión con todos los nadadores, donde se les explico el objetivo del estudio, el procedimiento, los grupos existentes para poder participar, la disponibilidad que tienen que tener y donde se resolvió las dudas surgidas durante la misma. Tras la reunión, primeramente querían participar 21 nadadores, de los cuales 6 tenían problemas para poder acudir a entrenar una semana entera dentro de la duración del estudio, por lo que optamos dejarles fuera del mismo, aun así se les dio la oportunidad a todos/as los/as nadadores/as de poder participar aunque no participaran en el estudio con el objetivo de motivar a los sujetos que si participaron con entrenamientos más numerosos.

El pre-test de 1 RM ha sido llevado a cabo por el investigador principal, para este test se utilizo la sala de musculación de la instalación deportiva municipal ya citada en el párrafo anterior.

El pre-test de 50 metros y 100 metros crol también fueron registrados por el investigador principal, sin embargo, en esta ocasión este se ayudo de tres personas más (el entrenador del club, el vicepresidente del club y la secretaria del mismo) ambos se ofrecieron voluntarios para ayudar en el control de los tiempos.

La toma a través de cuatro cronometradores, de este modo el tiempo obtenido fue más fiable, ya que se cogieron los 4 tiempos registrados por cada crono y se hizo la media del registro de cada uno de los tiempos obtenidos. Aun así, también se tuvo en cuenta el instrumento de medida, el cronometro, para lo cual se compraron 4 cronómetros de la misma marca y modelo.

Los entrenamientos y las características de estos (objetivos, carga, etc.) ya han sido expuestos en el punto 3. 3. 2.

4. 5. 1. INSTRUMENTAL DE MEDIDA.

Para este estudio se ha utilizado escaso material de medida, para el control de los tiempos de 50 y de 100 metros crol se utilizaron como ya hemos dicho en el apartado 3. 5., cuatro cronómetros de igual marca y modelo que se compraron para la ocasión, estos fueron el SW KALENJI 700, comprados todos en el mismo establecimiento.

Figura 3. 3. Cronometro SW KALENJI 700.

Para el registro de los tiempos se utilizo una plantilla de registro de tiempos de 50 y 100 metros que se expone en apartado posterior 3. 6. 2. (Tabla 3. 9.). En la valoración de 1RM se utilizo una plantilla de similares características que se muestra en la tabla 3. 8. que se muestra en el apartado 3. 6. 1.

4. 6. Descripción y protocolo de administración de las pruebas y test.

En este apartado se exponen la descripción de las pruebas que se hicieron así como el protocolo que se llevo a cabo en la realización de los diferentes test a lo largo de la realización del estudio.

4. 6. 1. TEST DE 1 REPETICIÓN MÁXIMA (1RM).

El protocolo utilizado para determinar el 1RM (repetición máxima), ha sido el mismo que desarrollaron González-Ravé et al (2008) en su estudio con ciclistas y jugadores de futbol sala, siguiendo el protocolo establecido por González y Gorostíaga (1995).

Para establecer la carga de 1 RM, los sujetos realizaron un máximo de 5 intentos con el objeto de establecer el 1 RM, en las ultimas repeticiones con el fin de ajustarse a los 5 intentos se hacia un incremento de la carga de 5 en 5 kilos. Esta carga se aumentaba hasta que el sujeto fallaba en su peso. Ante esta situación se concedía otro intento tras el descenso correspondiente. El último peso levantado correctamente era considerado el 1 RM del sujeto.

Este test, en primer lugar se iba a proponer solo para el trabajo de semi-sentadilla y press de banca. Pero dado la disponibilidad de tiempo de los sujetos para hacer el test que fue de un sábado por la mañana y por la tarde, se decidió hacer el test sobre todos los músculos sobre los que se iba a orientar el entrenamiento, por lo que el test se hizo durante todo el día, realizando los test en el siguiente orden:

-Sábado mañana:

1. Press de banca,
2. Semi-sentadilla,
3. Press de hombro,
4. Extensión de pierna,

-Sábado tarde:

1. Extensión de tríceps,
2. Flexión de pierna, y
3. Jalón de dorsal.

Este test y este protocolo fue el mismo que se utilizo para realizar el post-test tras realizar el estudio.

Para su registro se utilizo la siguiente tabla:

Tabla 3. 8.: Plantilla de registro de 1RM en el pre-post test.

SUJETO (Nº): GRUPO (Nº).	PRE-TEST	POST-TEST
PRESS DE BANCA		
SEMI-SENTADILLA		
PRESS DE HOMBRO		
EXTENSIÓN DE PIERNA		
EXTENSIÓN DE TRÍCEPS		
FLEXIÓN DE PIERNA		
JALÓN DE DORSAL		

4. 6. 2. PROTOCOLO Y PRUEBA DE 50 METROS CROL.

La realización de la prueba de 50 metros crol en el pre-test y post-test siguieron la misma secuencia de realización, esta fue la siguiente:

- 500 metros variados suaves.
- 5 minutos de descanso.
- Toma de 50 metros.
- 5 minutos de descanso.
- 200 metros suaves.

Esta secuencia fue confeccionada por el investigador de este estudio con la colaboración del director técnico del club.

El resto de las tomas se registraron los viernes dentro del entrenamiento, esto se hizo para ver semana a semana la evolución en el entrenamiento de los sujetos y como la carga de entrenamiento tanto en agua como en seco hacia o no variar el tiempo de prueba.

La prueba de 50 metros se realizo en todos los registros de tiempo sobre una piscina de 25 metros.

Para el registro de los tiempos tanto en la prueba de 50 metros como de la de 100 metros se utilizo una tabla de registro (tabla 3. 8.); se utilizaban 4, la cual cada una de ellas la tenía un cronometrador, para una vez registrados hacer la media de los 4 tiempos tomados y reflejarlos sobre una plantilla de resultados definitiva.

Tabla 3. 8.: Plantilla de registro de tiempos durante el estudio.

SUJETO (Nº): GRUPO (Nº).	50 METROS	100 METROS
PRE-TEST		
SEMANA 1		
SEMANA 2		
SEMANA 3		
SEMANA 4		
COMPETICIÓN		
POST-TEST		

Este mismo protocolo de registro de tiempos se utilizo para la prueba de 100 metros.

La prueba consiste en tirarse desde el poyete de salida a la señal de la persona encargada (que decía: preparados en voz alta (para que los sujetos se preparasen) y tras pocos segundos (1-3 segundos) daba la salida con un pitido largo con un silbato) y nadar 50 metros al estilo de crol, entre medias hay una pared (la pared de 25 metros) por lo que tendrán que realizar un viraje con voltereta para proseguir nadando la prueba y completar la distancia de 50 metros tocando con cualquiera de las manos la pared de llegada.

4. 6. 3. PROTOCOLO Y PRUEBA DE 100 METROS CROL.

Para la realización de la prueba de 100 metros crol en el pre-test y post-test se siguió la misma secuencia de realización, que para la prueba de 50 metros, esta fue la siguiente:

-500 metros variados suaves.
-5 minutos de descanso.
-Toma de 100 metros.
-5 minutos de descanso.
-200 metros suaves.

Al igual que en la prueba de 50 metros, la de 100 metros se realizo sobre una piscina de 25 metros.

La prueba consiste en tirarse desde el poyete de salida a la señal de la persona encargada (que decía: preparados en voz alta (para que los sujetos se preparasen) y tras pocos segundos (1-3 segundos) daba la salida con un pitido largo con un silbato) y nadar 100 metros al estilo de crol, entre medias hay tres paredes (la pared de 25, la pared de 50 y la pared de 75 metros) por lo que tendrán que realizar tres viraje con voltereta (uno por pared) para proseguir nadando la prueba y completar la distancia de 100 metros tocando con cualquiera de las manos la pared de llegada.

4. 7. Técnicas estadísticas.

Se han utilizado las siguientes técnicas de análisis estadístico para las diferentes variables manejadas.

1.- Estadística descriptiva: el procedimiento descriptivo muestra estadísticos de resumen univariados para varias variables en una única tabla. Se han utilizado estadísticos descriptivos por grupos y para cada una de las variables. Estos han sido: tamaño de la muestra, media, mínimo, máximo y desviación típica.

2.- Para comparar las mediciones pre-post test se utiliza el procedimiento de pruebas no paramétricas, utilizando cuando queremos comparar una medida dentro de un mismo grupo la k para muestras relacionadas, utilizando la prueba de Friedman. Y cuando queremos comparar una medida dentro de varios grupos la k para muestras independientes, utilizando la prueba de Kruskal-Wallis. Ambas pruebas para ver la significación o no de las medidas.

3.- Las graficas y las tablas se han hecho a través de dos programas informáticos. En primer lugar se uso el Spss 15.0 para lo que es el análisis de las diversas variables, y luego el Excel 2007 para generar los gráficos y las tablas que se presentan en el punto 5.

5. RESULTADOS.

En este apartado se van a exponer los resultados estadísticos por bloques de variables, de este modo se van a mostrar en el siguiente orden: test de 1 repetición máxima, prueba de 50 metros y prueba de 100 metros. En cada bloque de variables seguiremos la siguiente distribución, estadística descriptiva, prueba de Friedman (cuando estudiemos las diferencias entre miembros de un mismo grupo) o la prueba de Kruskal-Wallis (cuando analicemos las diferencias entre grupos) y comparación pre-test y post-test dentro de cada grupo. Tras el análisis por grupos pasaremos a la comparación entre grupos, analizando el pre-test y post-test. Finalmente se expondrá un grafico resumen de los resultados obtenidos entre todos los grupos.

Para llevar a cabo un orden en la presentación de los resultados sobre el test de 1 repetición máxima (1RM), hemos establecido un orden de exposición, este es válido para ambos grupos tanto por separado y luego en la comparación entre ellos:

1. Press de banca,
2. Semi-sentadilla,
3. Press de hombro,
4. Extensión de pierna,
5. Extensión de tríceps,
6. Flexión de pierna, y
7. Jalón de dorsal.

5. 1. Resultados en test de 1 repetición máxima.

En primer lugar se exponen los resultados obtenidos tras el análisis estadístico del grupo 1, que son los que han realizado un entrenamiento por método concéntrico.

En la tabla 5. 1. aparece la estadística descriptiva (media, desviación típica, mínimo y máximo) en el pre-test y el post-test de los diferentes ejercicios de fuerza que se han desarrollado en el estudio, también se exponen los resultados de la prueba de Friedman.

Tabla 5. 1. Estadísticos Descriptivos y prueba de Friedman. Grupo 1: Concéntrico. Pre-test y Post-test de 1RM.

Variable		Pre-test Press de Banca	Pre-test Semi-sentadilla	Pre-test Press de Hombro	Pre-test Extensión de pierna	Pre-test Extensión de tríceps	Pre-test Flexión de pierna	Post-test Jalón de Dorsal
N		5	5	5	5	5	5	5
Parámetros normales	Media	65,000	108,000	50,000	91,000	37,000	85,000	84,500
	Mínimo	40,0	70,0	30,0	50,0	30,0	50,0	65,0
	Máximo	90,0	160,0	80,0	125,0	52,5	120,0	110,0
	Desviación típica	21,7945	35,6371	23,1840	29,4534	9,2534	29,5804	18,0624
Variable		Post-test Press de Banca	Post-test Semi-sentadilla	Post-test Press de Hombro	Post-test Extensión de pierna	Post-test Extensión de tríceps	Post-test Flexión de pierna	Post-test Jalón de Dorsal
N		5	5	5	5	5	5	5
Parámetros normales	Media	72,000	124,000	54,000	108,000	40,400	92,000	91,200
	Mínimo	55,0	80,0	30,0	55,0	32,0	55,0	70,0
	Máximo	95,0	170,0	80,0	150,0	57,5	122,5	120,0
	Desviación típica	19,2354	38,4708	21,1098	39,4652	10,0087	29,9687	19,3572
Sig. Asintót.		**,025**	**,025**	**,157**	**,025**	**0,25**	**0,25**	**,046**

Como se puede observar en la tabla 5. 1. Hay diferencias significativas (p<0.05) en la ganancia de fuerza entre el pre y post-test, a excepción del ejercicio de press de hombro donde se puede observar que no hay diferencias significativas entre el pre y post-test.

En los siguientes gráficos (de 5. 1. al 5. 7.) se exponen por ejercicios de forma más detallada la ganancia o no de fuerza en el test de 1RM después del entrenamiento de fuerza, en cada grafico se expone un ejercicio desarrollado durante el estudio. Ver estos gráficos nos va a permitir poder observar de una forma más minuciosa los cambios que se han producido en cada sujeto, y como han mejorado o no la ganancia de fuerza.

En este primer grafico se puede observar como todos los sujetos mejoran su fuerza en el ejercicio de press de banca tras las 4 semanas de entrenamiento.

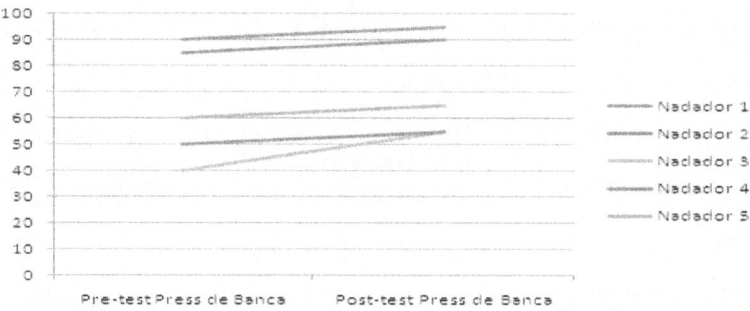

Gráfico 5. 1. Sujetos del grupo 1 en pre y post-test de press de banca.

Al igual que en press de banca se puede observar en el gráfico 5. 2. que todos los sujetos mejoraron su fuerza en la semisentadilla.

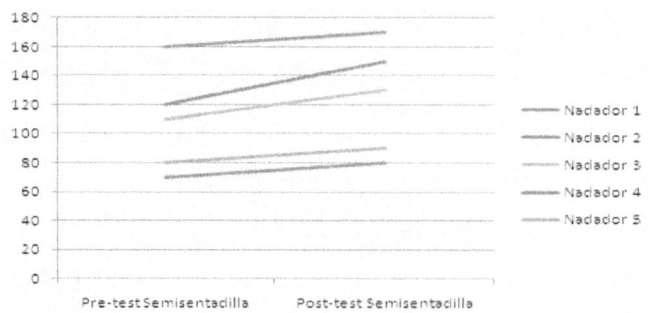

Gráfico 5. 2. Sujetos del grupo 1 en pre y post-test de semisentadilla.

Como ya hemos mencionado en el inicio de este apartado, sobre el press de hombro no se han obtenido diferencias significativas o lo que es lo mismo no se han producido mejoras al entrenamiento de fuerza. Ya que como se puede ver en el gráfico 5. 3. el nadador 1, 2 y 4 levantaron la misma carga en el pre-test como en el post-test.

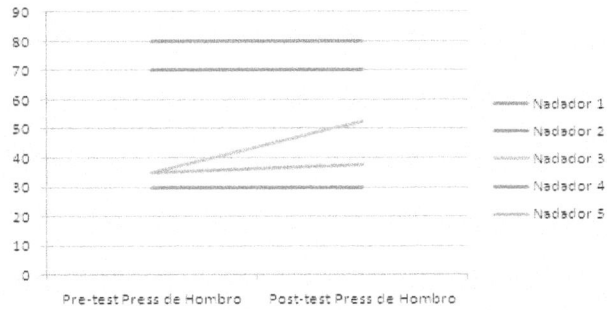

Gráfico 5. 3. Sujetos del grupo 1 en pre y post-test de press de hombro.

Del grafico 5. 4. al 5. 7. se puede ver como se ha producido una ganancia de fuerza en la comparación del resultado de ambos tests.

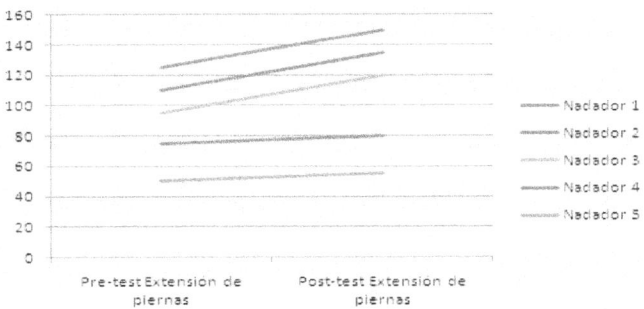

Gráfico 5. 4. Sujetos del grupo 1 en pre y post-test de extensión de piernas.

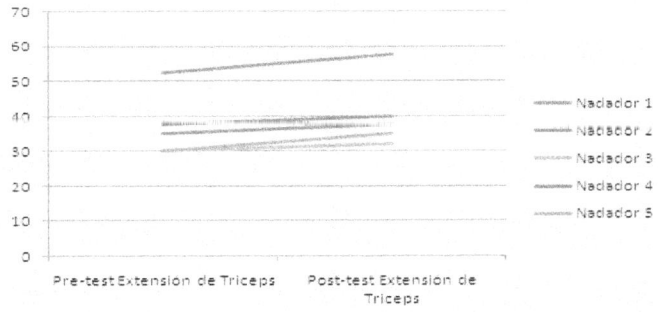

Gráfico 5. 5. Sujetos del grupo 1 en pre y post-test de extensión de tríceps.

Si observamos la ganancia de fuerza obtenida en extensión de piernas, respecto de extensión de tríceps, flexión de piernas y jalón nuca; las mejoras se han producido en todas, sin embargo en el ejercicio de extensión de piernas los cambios han sido más altos que en los demás ejercicios.

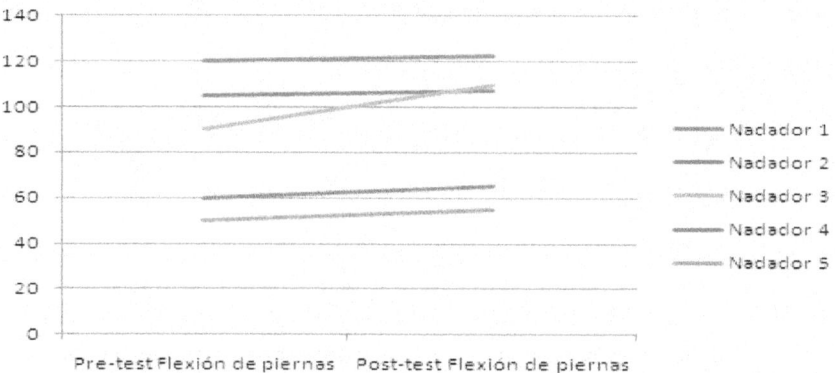

Gráfico 5. 6. Sujetos del grupo 1 en pre y post-test de flexión de piernas.

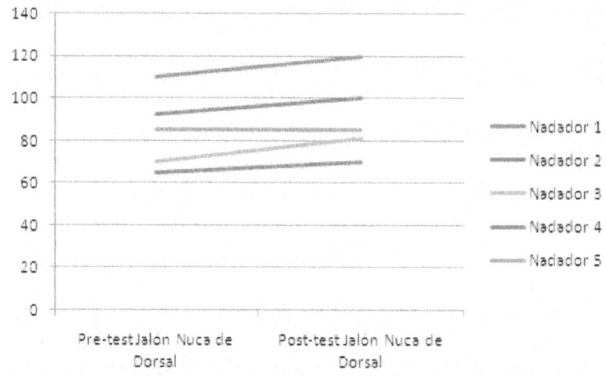

Gráfico 5. 7. Sujetos del grupo 1 en pre y post-test de jalón nuca.

En segundo lugar, se exponen los resultados obtenidos tras el análisis estadístico del grupo 1, que son los que han realizado un entrenamiento por método de contrastes.

En la tabla 5. 2. aparece la estadística descriptiva (media, desviación típica, mínimo y máximo) en el pre-test y el post-test de los diferentes ejercicios de fuerza que se han desarrollado en el estudio, también se exponen los resultados de la prueba de Friedman.

Tabla 5. 2. Estadísticos Descriptivos y prueba de Friedman. Grupo 2: Contrastes. Pre-test y Post-test de 1RM.

Variable		Pre-test Press de Banca	Pre-test Semi-sentadilla	Pre-test Press de Hombro	Pre-test Extensión de pierna	Pre-test Extensión de tríceps	Pre-test Flexión de pierna	Post-test Jalón de Dorsal
N		5	5	5	5	5	5	5
Parámetros normales	Media	66,000	98,000	39,500	105,000	46,000	93,000	85,600
	Mínimo	50,0	70,0	35,0	75,0	35,0	50,0	65,0
	Máximo	80,0	110,0	45,0	130,0	55,0	130,0	100,0
	Desviación típica	13,4164	16,4317	3,7081	25,4951	8,9443	29,0689	14,2934
Variable		Post-test Press de Banca	Post-test Semi-sentadilla	Post-test Press de Hombro	Post-test Extensión de pierna	Post-test Extensión de tríceps	Post-test Flexión de pierna	Post-test Jalón de Dorsal
N		5	5	5	5	5	5	5
Parámetros normales	Media	77,500	106,000	43,500	107,000	48,000	97,000	87,700
	Mínimo	60,0	80,0	40,0	80,0	37,5	55,0	67,5
	Máximo	90,0	120,0	47,5	130,0	59,0	140,0	102,0
	Desviación típica	12,500	16,3554	3,3541	22,8035	9,2777	30,3315	14,0071
Sig. Asintót.		,025	,025	,025	,157	,025	,083	,046

Como se puede observar en la tabla 5. 2. Hay diferencias significativas ($p<0.05$) en la ganancia de fuerza entre el pre y post-test, a excepción de los ejercicios de extensión y flexión de piernas donde se puede observar que no hay diferencias significativas entre el pre y post-test.

En los siguientes gráficos (de 5. 8. al 5. 14.) se exponen por ejercicios de forma más detallada la ganancia o no de fuerza en el test de 1RM después del entrenamiento de fuerza, en cada grafico se expone un ejercicio desarrollado durante el estudio. Ver estos gráficos nos va a permitir poder observar de una forma más minuciosa los cambios que se han producido en cada sujeto, y como han mejorado o no la ganancia de fuerza.

En este primer gráfico (5. 8.) se puede ver como en todos los sujetos se ha producido una mejora en la fuerza tras las 4 semanas de entrenamiento.

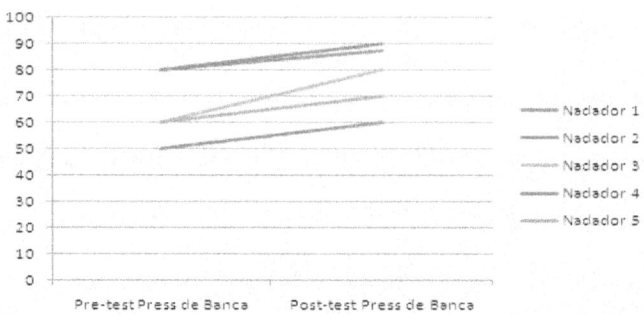

Gráfico 5. 8. Sujetos del grupo 2 en pre y post-test de press de banca.

Lo mismo sucede con el gráfico 5. 9. donde se puede ver la ganancia de fuerza. Este ejercicio es de pierna, luego veremos los otros dos (extensión y flexión de piernas) donde no hemos detectado mejoras significativas.

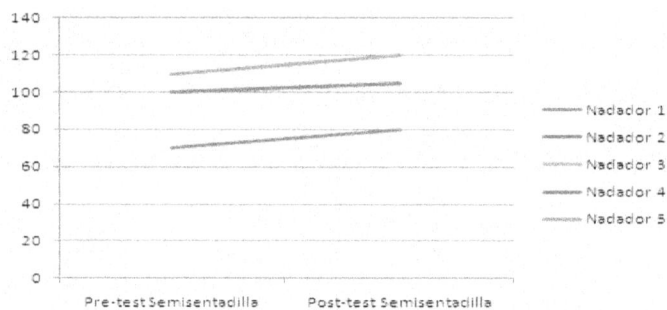

Gráfico 5. 9. Sujetos del grupo 2 en pre y post-test de semisentadilla.

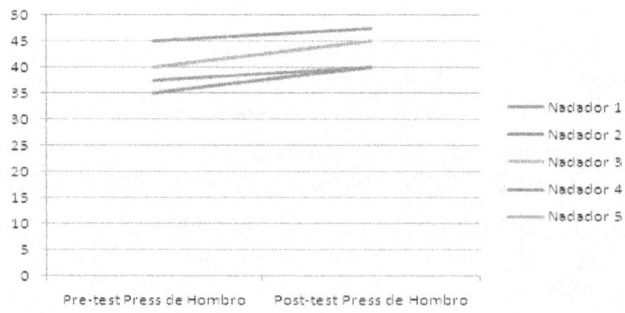

Gráfico 5. 10. Sujetos del grupo 2 en pre y post-test de press de hombro.

La mejora en extensión de piernas ha sido mínima por parte de los nadadores 3 y 4. Por parte de los nadadores 1, 2 y 5 ha sido nula, ya que no han mejorado, lo que ha causado que no existan diferencias significativas tras el análisis estadístico.

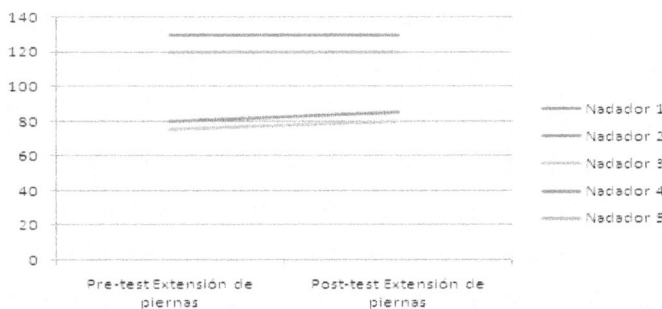

Gráfico 5. 11. Sujetos del grupo 2 en pre y post-test de extensión de piernas.

La mejora producida en los ejercicios de extensión de tríceps (gráfico 5. 12.) y en jalón nuca de dorsal (gráfico 5. 14) no ha sido muy elevada respecto de la ganancia obtenida por ejemplo en press de banca o press de hombro.

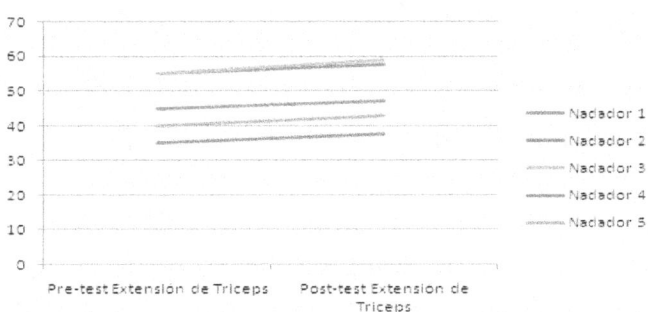

Gráfico 5. 12. Sujetos del grupo 2 en pre y post-test de extensión de tríceps.

En flexión de piernas como ya hemos mencionado no hay mejoras significativas, esto se debe a que como se puede observar el nadador 1 y 2 no han sufrido mejoras tras el entrenamiento de fuerza.

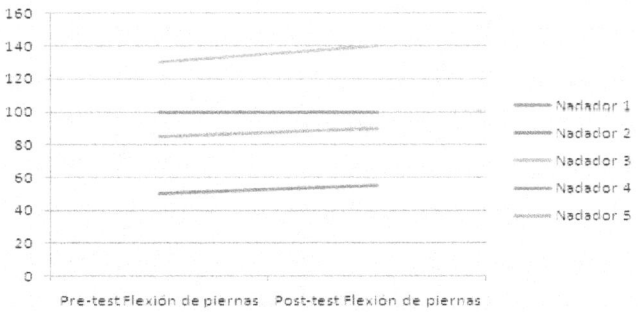

Gráfico 5. 13. Sujetos del grupo 2 en pre y post-test de flexión de piernas.

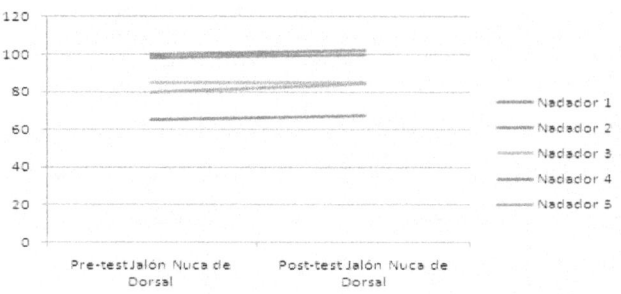

Gráfico 5. 14. Sujetos del grupo 2 en pre y post-test de jalón nuca de dorsal.

En tercer lugar, se exponen los resultados obtenidos tras el análisis estadístico del grupo 1, que son los que han realizado un entrenamiento por método concéntrico y del grupo 2, que son los que han realizado un entrenamiento por método de contrastes. En la tabla 5. 3. aparece la estadística descriptiva (media, desviación típica, mínimo y máximo) en el pre-test y el post-test de los diferentes ejercicios de fuerza que se han desarrollado en el estudio, también se exponen los resultados de la prueba de Kruskal-Wallis.

Tabla 5. 3. Estadísticos Descriptivos y prueba de Kruskal-Wallis. Comparación entre grupos: Concéntrico y contrastes. Pre-test y Post-test de 1RM.

Variable		Pre-test Press de Banca	Pre-test Semi-sentadilla	Pre-test Press de Hombro	Pre-test Extensión de pierna	Pre-test Extensión de tríceps	Pre-test Flexión de pierna	Post-test Jalón de Dorsal
N		10	10	10	10	10	10	10
Parámetros normales	Media	65,000	103,000	44,750	98,000	41,500	89,000	85,050
	Mínimo	40,0	70,0	30,0	50,0	30,0	50,0	65,0
	Máximo	90,0	160,0	80,0	130,0	55,0	130,0	110,0
	Desviación típica	17,0701	26,6875	16,6020	26,9979	9,8036	27,9682	15,3667
Sig. Asintót.		1,000	,523	,750	,401	,092	,834	,916
Variable		Post-test Press de Banca	Post-test Semi-sentadilla	Post-test Press de Hombro	Post-test Extensión de pierna	Post-test Extensión de tríceps	Post-test Flexión de pierna	Post-test Jalón de Dorsal
N		10	10	10	10	10	10	10
Parámetros normales	Media	74,750	115,000	48,750	107,500	44,600	94,500	89,450
	Mínimo	55,0	80,0	30,0	55,0	32,0	55,0	67,5
	Máximo	95,0	170,0	80,0	150,0	59,0	140,0	120,0
	Desviación típica	15,5657	29,4392	15,2866	30,3910	10,1182	28.5482	16,0355
Sig. Asintót.		,674	,399	,599	,832	,115	,834	,916

La tabla 5. 3. muestra la comparación de los diferentes resultados en la medida de pre-test entre los grupos 1 y 2, al igual que la medida de post-test de ambos grupos. En la que se puede ver reflejada en la significación tanto en el pre-test como en el post-test que no hay diferencias en los resultados cuando comparamos a los dos grupos, no existiendo significación alguna en los diferentes ejercicios en los que se realizo el test de 1 repetición máxima.

En los siguientes gráficos (de 5. 15. al 5. 21.) se exponen por ejercicios de forma más detallada la diferencia entre grupos en el pre-test de 1RM y en el post-test después del entrenamiento de fuerza. En cada grafico se expone un solo ejercicio. Estos gráficos nos permiten observar de una forma más minuciosa la diferencia entre grupos.

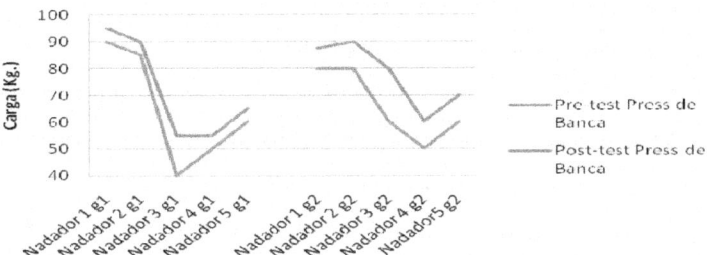

Gráfico 5. 15. Comparación pre-test y post-test de press de banca. Grupo 1 y grupo 2.

En los gráficos del 5.15. al 5. 21. se puede ver las diferencias existentes entre grupos tras el pre-test y el post-test.

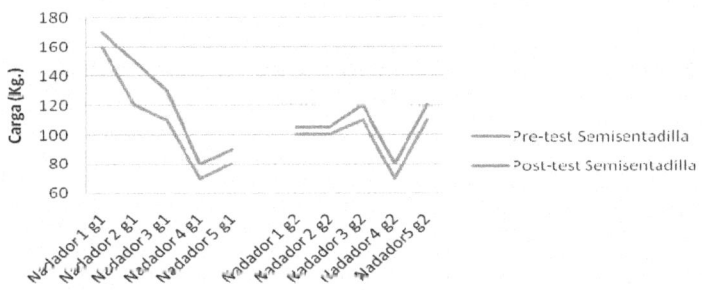

Gráfico 5. 16. Comparación pre-test y post-test de semisentadilla. Grupo 1 y grupo 2.

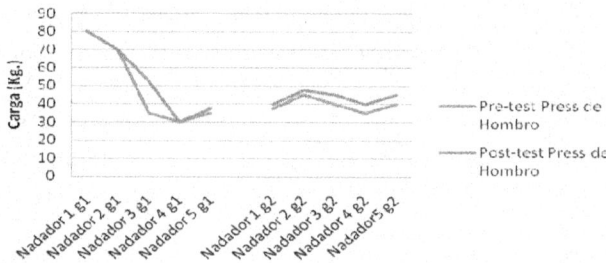

Gráfico 5. 17. Comparación pre-test y post-test de press de hombro. Grupo 1 y grupo 2.

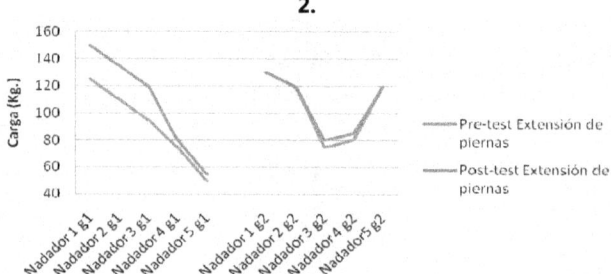

Gráfico 5. 18. Comparación pre-test y post-test de extensión de piernas. Grupo 1 y grupo 2.

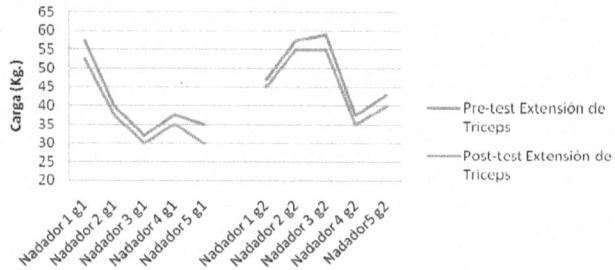

Gráfico 5. 19. Comparación pre-test y post-test de extensión de triceps. Grupo 1 y grupo 2.

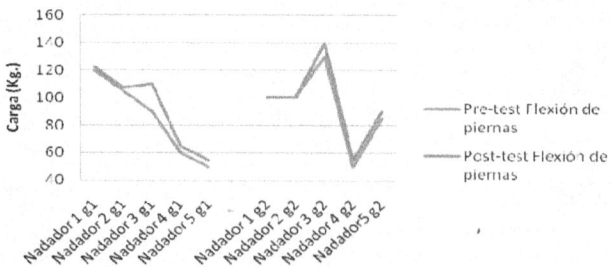

Gráfico 5. 20. Comparación pre-test y post-test de flexión de pierna. Grupo 1 y grupo 2.

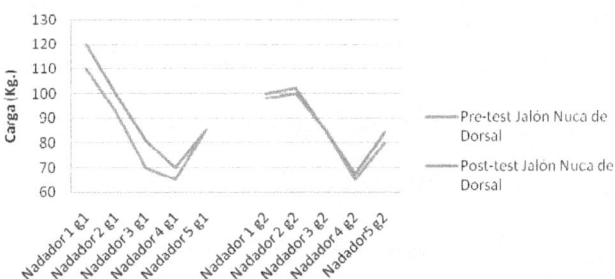

Gráfico 5. 21. Comparación pre-test y post-test de jalón nuca de dorsal. Grupo 1 y grupo 2.

5. 2. Resultados en prueba de 50 metros crol.

En la tabla 5. 4. se reflejan los estadísticos descriptivos (media, mínimo, máximo y desviación típica) así como la prueba de Friedman. En ella se refleja la trayectoria de los tiempos a lo largo del tiempo de estudio que va desde el pre-test hasta el post-test, pasando por 4 semanas de entrenamiento y otra de competición. En ella se puede observar que hay diferencias significativas $p<0,05$ en la mejora del tiempo.

Tabla 5. 4. Estadísticos Descriptivos y prueba de Friedman. Grupo 1. Pre-test, Primera, segunda, tercera y cuarta semana, competición y post-test de 50 metros crol.

Variable		Pre-test	Semana 1	Semana 2	Semana 3	Semana 4	Competición Semana 5	Post-test Semana 6
N		5	5	5	5	5	5	5
Parámetros normales	Media	27,9540	27,8220	27,6880	27,6080	27,5620	26,9340	26,8300
	Mínimo	25,93	25,50	25,71	25,43	25,40	35,33	25,26
	Máximo	30,14	30,50	29,68	30,09	29,98	29,31	29,07
	Desviación típica	1,95311	2,27463	1,94311	2,10341	2,10058	1,63996	1,58967
Sig. Asintót.		,001						

Si comparamos la significación existente entre los momentos importantes del estudio (pre-test, competición y post-test o desentrenamiento) a través del análisis estadístico, encontraríamos el siguiente resultado:

Tabla 5. 5. Prueba de Friedman. Pre-test, competición y post-test, Grupo 1: 50 metros.

Pre-test	Competición (Semana 5)	Post-test (Desentrenamiento)
	,009	

Donde se puede ver que existen diferencias significativas (p<0.05) tras el entrenamiento. En el siguiente grafico se expone de manera grafica esta mejora.

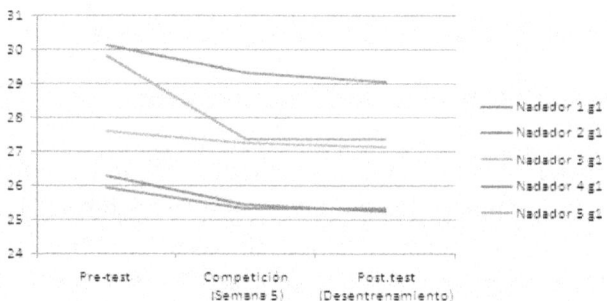

Gráfico 5. 22. Evolución de los tiempos en el pre-test, competición (semana 5) y post-test en los nadadores del grupo 1 en la prueba de 50 metros crol.

Vamos a exponer por sujetos de forma individual la evolución a lo largo de las semanas de entrenamiento su grafico de tiempos. Así en el primer gráfico (5. 23.) se puede ver como el nadador numero 1 mejora de forma lineal su tiempo en 50 tras la semana 2 donde sube ese tiempo que luego vuelve a rebajar y a reducir tras la semana de desentrenamiento y el fin de semana de competición.

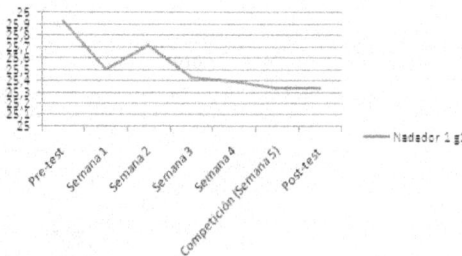

Gráfico 5. 23. Evolución por semana de los tiempos en 50 metros del sujeto 1 del grupo 1.

Al nadador 2 le pasa lo mismo que al nadador 1, con la única diferencia que este va mejorando de forma progresiva y lineal según pasan las semanas de entrenamiento, reduciendo semana a semana el tiempo de su prueba.

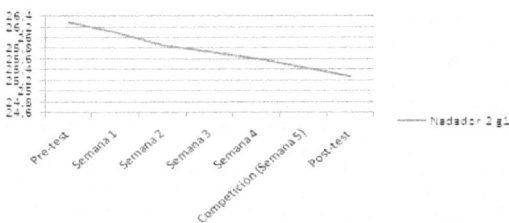

Gráfico 5. 24. Evolución por semana de los tiempos en 50 metros del sujeto 2 del grupo 1.

El nadador tercero, en la primera semana de entrenamiento alcanza su mejor registro de tiempo, subiendo este durante las semanas posteriores y reduciéndolo de nuevo tras la cuarta semana sin llegar nunca a mejorar la marca conseguida en la primera semana de entrenamiento, pero si mejorando el tiempo del pre-test realizado.

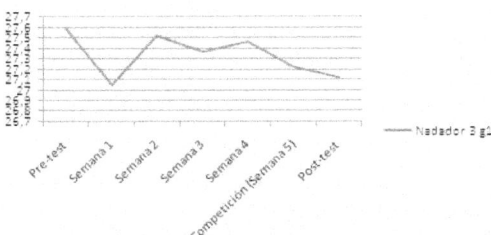

Gráfico 5. 25. Evolución por semana de los tiempos en 50 metros del sujeto 3 del grupo 1.

El nadador 4 sufre dos subidas en su marca, regulándose en la cuarta semana donde estos empiezan a mejorar de forma progresiva para en la competición y más tarde en el post-test conseguir su mejor marca en 50 metros crol.

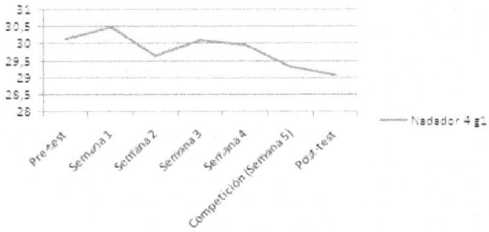

Gráfico 5. 26. Evolución por semana de los tiempos en 50 metros del sujeto 4 del grupo 1.

Por último, el nadador 5, tras finalizar el entrenamiento de fuerza en la cuarta semana consigue su mejor registro en la competición, reduciendo su tiempo en más de 1 segundo y manteniendo este tras la semana de desentrenamiento en el post-test.

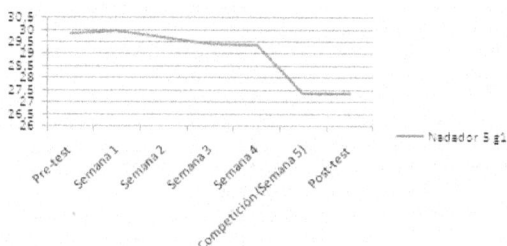

Gráfico 5. 27. Evolución por semana de los tiempos en 50 metros del sujeto 5 del grupo 1.

Tras exponer los resultados en 50 metros obtenidos por el grupo 1, pasamos a describir los cambios producidos en el grupo 2 de este estudio.

En la tabla 5. 6. se reflejan los estadísticos descriptivos (media, mínimo, máximo y desviación típica) así como la prueba de Friedman. En ella se refleja la trayectoria de los tiempos a lo largo del tiempo de estudio que va desde el pre-test hasta el post-test, pasando por 4 semanas de entrenamiento y otra de competición. En ella se puede observar que no hay diferencias significativas en la mejora del tiempo.

Tabla 5. 6. Estadísticos Descriptivos y prueba de Friedman. Grupo 2. Pre-test, Primera, segunda, tercera y cuarta semana, competición y post-test de 50 metros crol.

Variable		Pre-test	Semana 1	Semana 2	Semana 3	Semana 4	Competición Semana 5	Post-test Semana 6
N		5	5	5	5	5	5	5
Parámetros normales	Media	30,3980	29,9140	30,0460	29,9660	30,1460	29,9500	29,8820
	Mínimo	27,98	27,80	27,50	27,60	27,74	27,33	27,04
	Máximo	33,90	33,00	33,56	33,08	33,87	33,23	33,54
	Desviación típica	2,63854	2,40624	2,71664	2,44703	2,70060	2,69440	2,85479
Sig. Asintót.		,087						

Si comparamos la significación existente entre los momentos importantes del estudio (pre-test, competición y post-test o desentrenamiento) a través del análisis estadístico, encontraríamos el siguiente resultado:

Tabla 5. 7. Prueba de Friedman. Pre-test, competición y post-test, Grupo 2: 50 metros.

Pre-test	Competición (Semana 5)	Post-test (Desentrenamiento)
	,022	

Donde se puede ver que existen diferencias significativas ($p<0.05$) tras el entrenamiento. En el siguiente grafico se muestran las mejoras tras el tratamiento

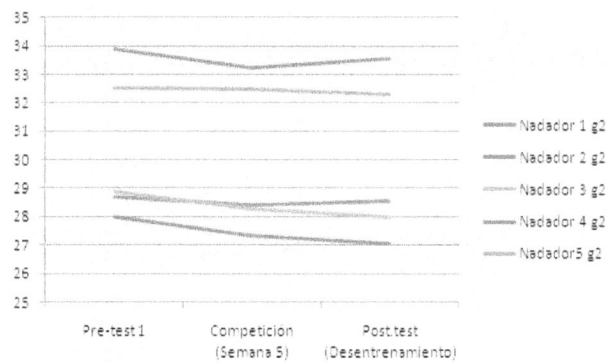

Gráfico 5. 28. Evolución de los tiempos en el pre-test, competición (semana 5) y post-test en los nadadores del grupo 2 en la prueba de 50 metros crol.

A continuación se muestran los resultados por nadador de manera individualizada, mostrando los cambios producidos a lo largo del estudio.

El deportista 1, no mantiene una consecución de tiempos de forma regular, en el periodo de entrenamiento sufre dos bajadas de tiempos, pero sin sobrepasar su marca con más de un segundo. Este sujeto tras el desentrenamiento sube su marca sin llegar a sobrepasar la obtenida en el pre-test.

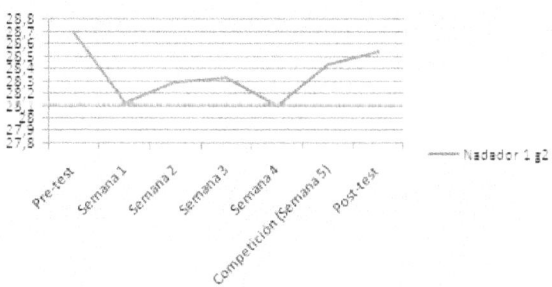

Gráfico 5. 29. Evolución por semana de los tiempos en 50 metros del sujeto 1 del grupo 2.

El nadador 2, mejora su mejor marca en las dos primeras semanas de entrenamiento, para volver a mejorar su tiempo en la competición y tras una semana después de desentrenamiento.

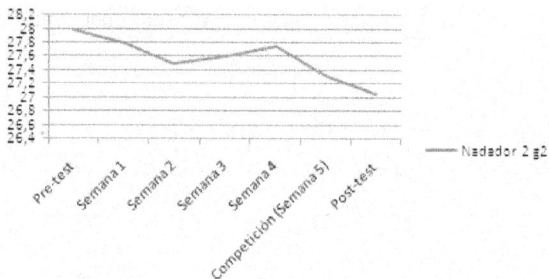

Gráfico 5. 30. Evolución por semana de los tiempos en 50 metros del sujeto 2 del grupo 2.

Tras varias semanas de entrenamiento el nadador 3 se estabiliza en la competición donde baja su marca y la reduce tras la semana de desentrenamiento.

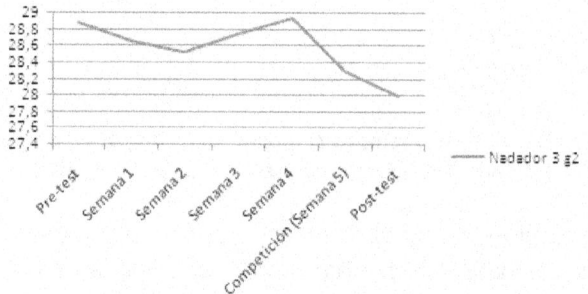

Gráfico 5. 31. Evolución por semana de los tiempos en 50 metros del sujeto 3 del grupo 2.

El nadador 5 es el nadador más irregular dentro del grupo, ya que cada semana obtiene tiempos diferentes, una semana el tiempo es bueno y otra semana el tiempo es malo, consiguiendo su mejor registro en la primera semana de entrenamiento, sin volver después a recuperarlo. En el post-test aun así obtiene mejor marca que en el pre-test.

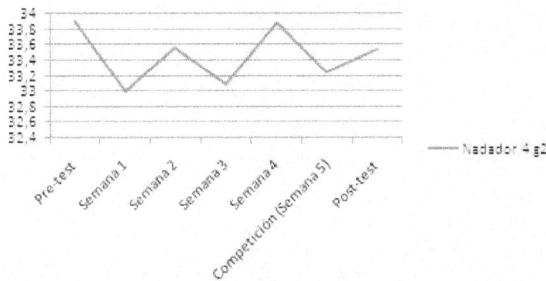

Gráfico 5. 32. Evolución por semana de los tiempos en 50 metros del sujeto 4 del grupo 2.

Similar a nadador 4, está el nadador 5, que obtiene mejora respecto del pre-test en la competición y en el post-test, siendo muy irregular en las semanas intermedias de entrenamiento.

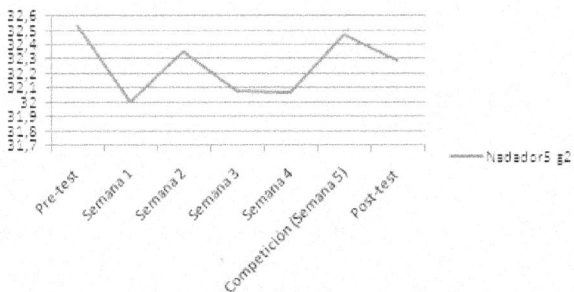

Gráfico 5. 33. Evolución por semana de los tiempos en 50 metros del sujeto 5 del grupo 2.

Por último, pasamos a describir los cambios producidos en el grupo 3 de este estudio, decir que este grupo no ha realizado ningún entrenamiento de fuerza paralelo al estudio, y solo han realizado entrenamiento de agua.

Tabla 5. 8. Estadísticos Descriptivos y prueba de Friedman. Grupo 3. Pre-test, Primera, segunda, tercera y cuarta semana, competición y post-test de 50 metros crol.

Variable		Pre-test	Semana 1	Semana 2	Semana 3	Semana 4	Competición Semana 5	Post-test Semana 6
N		5	5	5	5	5	5	5
Parámetros normales	Media	34,3900	34,2680	34,3140	33,8820	33,6680	32,9220	33,1320
	Mínimo	30,32	30,27	29,66	30,00	30,25	30,02	30,26
	Máximo	36,99	39,01	39,05	37,08	36,98	36,17	36,40
	Desviación típica	2,69882	3,40275	3,49866	2,97215	2,98249	3,02064	3,05471
Sig. Asintót.		,082						

En la tabla 5. 8. se reflejan los estadísticos descriptivos (media, mínimo, máximo y desviación típica) así como la prueba de Friedman. En ella se refleja la trayectoria de los tiempos a lo largo del tiempo de estudio que va desde el pre-test hasta el post-test, pasando por 4 semanas de entrenamiento y otra de competición. En ella se puede observar que no hay diferencias significativas en la mejora del tiempo.

Si comparamos la significación existente entre los momentos importantes del estudio (pre-test, competición y post-test o desentrenamiento) a través del análisis estadístico, encontraríamos el siguiente resultado:

Tabla 5. 9. Prueba de Friedman. Pre-test, competición y post-test, Grupo 3: 50 metros.

Pre-test	Competición (Semana 5)	Post-test (Desentrenamiento)
,007		

Donde se puede ver que existen diferencias significativas ($p < 0.05$) tras el entrenamiento. En el siguiente grafico se expone de manera grafica esta mejora. Esta mejora como se puede observar se produce desde el pre-test a la competición, después de esta (el desentrenamiento) suben mínimamente los tiempos, aunque estos siempre son más bajos que la primera marca obtenida.

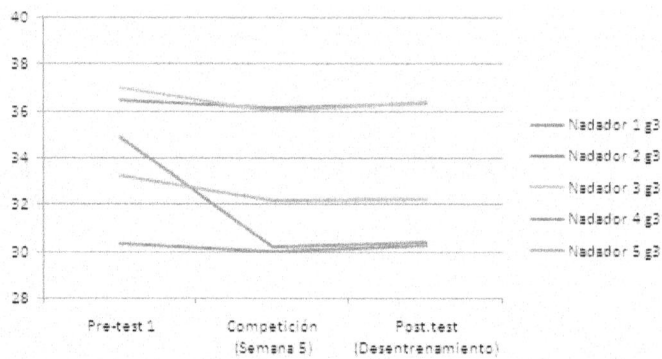

Gráfico 5. 34. Evolución de los tiempos en el pre-test, competición (semana 5) y post-test en los nadadores del grupo 3 en la prueba de 50 metros crol.

En este grupo 3, todos tienen en común un aspecto, todos suben la marca tras la competición después de la semana de desentrenamiento. Hasta entonces los tiempos bajan de forma progresiva respecto de la obtenida en el pre-test.

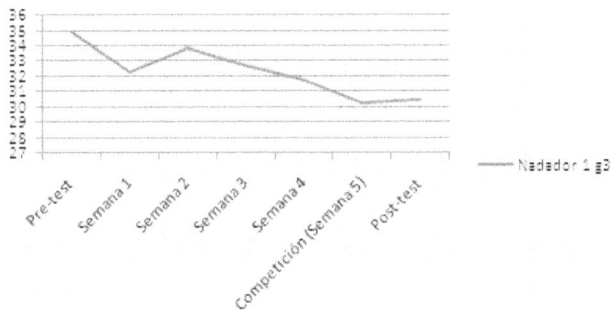

Gráfico 5. 35. Evolución por semana de los tiempos en 50 metros del sujeto 1 del grupo 3.

En su mayoría todos bajan el tiempo de una forma más o menos lineal donde cada semana van bajando, salvo en el nadador 2 y 4, que tienen tiempos irregulares, pero que aún así llegan a la competición en un estado de forma mucho mejor de cómo empezaron antes de dicho entrenamiento especifico, y acostumbrados a entrenamientos mas globales.

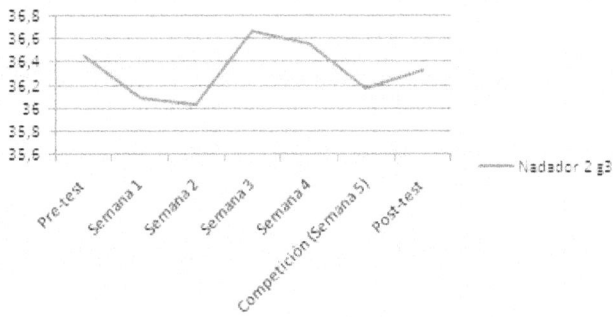

Gráfico 5. 36. Evolución por semana de los tiempos en 50 metros del sujeto 2 del grupo 3.

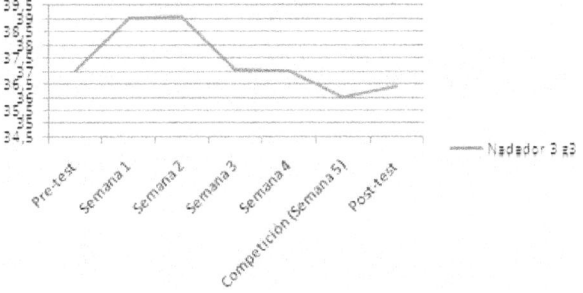

Gráfico 5. 37. Evolución por semana de los tiempos en 50 metros del sujeto 3 del grupo 3.

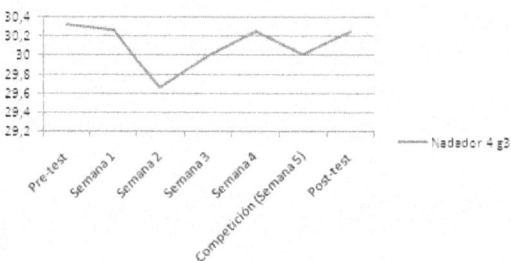

Gráfico 5. 38. Evolución por semana de los tiempos en 50 metros del sujeto 4 del grupo 3.

Junto con el nadador 3, son los únicos sujetos que tras empezar el periodo de entrenamiento empeoran el tiempo de prueba.

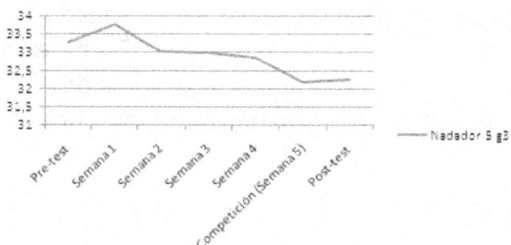

Gráfico 5. 39. Evolución por semana de los tiempos en 50 metros del sujeto 5 del grupo 3.

Una vez expuesto grupo a grupo las diferencias existentes entre el Pre-test, semanas de entrenamiento, competición y post-test, pasamos a presentar la misma estructura de análisis, solo que ahora expondremos las diferencias entre grupos.

En primer lugar, en la tabla 5. 10. se reflejan los estadísticos descriptivos (media, mínimo, máximo y desviación típica) así como la prueba de Kruskal-Walis. En ella se refleja la trayectoria de los tiempos a lo largo del tiempo de estudio que va desde el pre-test hasta el post-test (desentrenamiento), pasando por 4 semanas de entrenamiento y otra de competición.

Tabla 5. 10. Estadísticos Descriptivos y prueba de Kruskal-Wallis. Comparación entre grupos: Pre-test, Primera, segunda, tercera y cuarta semana, competición y post-test de 50 metros crol.

Variable		Pre-test	Semana 1	Semana 2	Semana 3	Semana 4	Competición Semana 5	Post-test Semana 6
N		15	15	15	15	15	15	15
Parámetros normales	Media	30,9140	30,6680	30,6827	30,4853	30,4587	29,9353	29,9480
	Mínimo	25,93	25,50	25,71	25,43	25,40	25,33	25,26
	Máximo	36,99	39,01	39,05	37,08	36,98	36,17	36,40
	Desviación típica	3,56363	3,76366	3,83951	3,55984	3,54909	3,44276	3,57924
Sig. Asintót.		,014	,021	,029	,026	,022	,018	,022

En la tabla 5. 10. se pueden observar las diferencias entre los grupos 1, 2 y 3 a lo largo de la duración del estudio. En los resultados de la significación se puede observar, que existen diferencias significativas ($p<0.05$) en los tiempos obtenidos los test semanales.

En segundo lugar, si comparamos la significación existente entre los momentos relevantes del estudio (pre-test, competición y post-test o desentrenamiento) a través del análisis estadístico, encontraríamos el siguiente resultado:

Tabla 5. 11. Prueba de Kruskal-Wallis. Pre-test, competición y post-test, Grupo 1, 2 y 3: 50 metros.

Pre-test	Competición (Semana 5)	Post-test (Desentrenamiento)
,014	,018	,022

Por último, y como se puede ver en la tabla 5. 11., hay diferencias significativas ($p<0.05$) en los grupos en la prueba de 50 metros crol, a continuación mostramos dos gráficas, donde aparece esa evolución por grupos a lo largo del estudio (5. 40. Y 5. 41.).

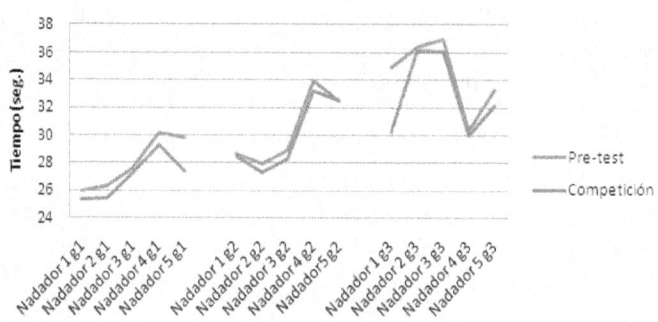

Gráfico 5. 40. Comparación de tiempos en Pre-test (semana 1) con el de competición (semana 5) en la prueba de 50 metros crol.

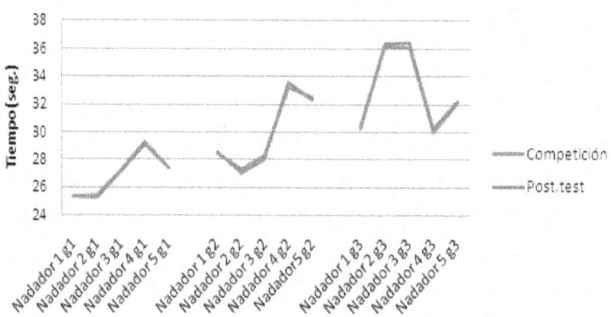

Gráfico 5. 41. Comparación de tiempos en Competición (semana 5) con el de post-test (semana de desentrenamiento) en la prueba de 50 metros crol.

5. 3. Resultados en prueba de 100 metros crol.

Tras exponer los resultados en 50 metros obtenidos por todos los grupos, pasamos a describir los cambios producidos en la prueba de 100 metros crol a lo largo del estudio.

En primer lugar vamos a exponer los resultados obtenidos por el grupo 1, para luego mostrar los producidos por el grupo 2 y 3, siguiendo la misma estructura citada principio del punto y que hemos seguido en la exposición de los resultados en fuerza y en la prueba de 50 metros crol.

En la tabla 5. 12. se reflejan los estadísticos descriptivos (media, mínimo, máximo y desviación típica) así como la prueba de Friedman, tras el análisis estadístico de los resultados obtenidos.

En ella se refleja la trayectoria de los tiempos a lo largo del tiempo de estudio que va desde el pre-test hasta el post-test, pasando por 4 semanas de entrenamiento y otra de competición. En ella se puede observar que hay diferencias significativas (p<0.05) en la mejora del tiempo.

Tabla 5. 12. Estadísticos Descriptivos y prueba de Friedman. Grupo 1. Pre-test, Primera, segunda, tercera y cuarta semana, competición y post-test de 100 metros crol.

Variable		Pre-test	Semana 1	Semana 2	Semana 3	Semana 4	Competición Semana 5	Post-test Semana 6
N		5	5	5	5	5	5	5
Parámetros normales	Media	60,20	59,40	59,80	59,80	59,60	59,20	59,20
	Mínimo	55	55	55	55	55	55	55
	Máximo	65	64	64	64	64	63	63
	Desviación típica	4,324	4,037	4,087	4,087	4,278	3,768	3,768
Sig. Asintót.		,010						

Si comparamos la significación existente entre los momentos importantes del estudio (pre-test, competición y post-test o desentrenamiento) a través del análisis estadístico, encontraríamos el siguiente resultado:

Tabla 5. 13. Prueba de Friedman. Pre-test, competición y post-test, Grupo 1: 100 metros.

Pre-test	Competición (Semana 5)	Post-test (Desentrenamiento)
,018		

Donde se puede ver que hay diferencias significativas (p<0.05) tras el entrenamiento. En el siguiente grafico se expone de manera detallada esta mejora. Esta mejora como se puede observar se produce desde el pre-test a la competición, después de esta (el desentrenamiento) los tiempos se mantienen respecto de los resultados obtenidos en competición, aunque estos siempre son más bajos que la primera marca obtenida.

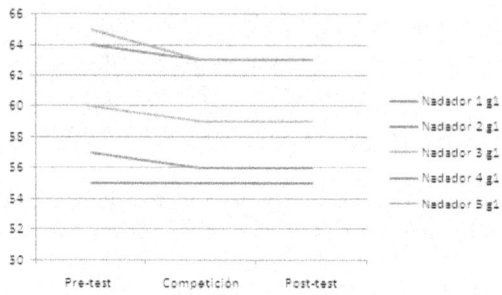

Gráfico 5. 42. Evolución de los tiempos en el pre-test, competición (semana 5) y post-test en los nadadores del grupo 1 en la prueba de 100 metros crol.

A continuación se exponen por nadadores, de uno a uno, un gráfico donde se pueden ver los cambios producidos en la marca de 100 metros a lo largo de los diferentes controles de tiempo que se han hecho a lo largo del estudio.

El nadador 1 (gráfico 5. 43.), a lo largo del estudio ha mantenido sus marcas estables tal y como se puede observar en el gráfico 5. 43.

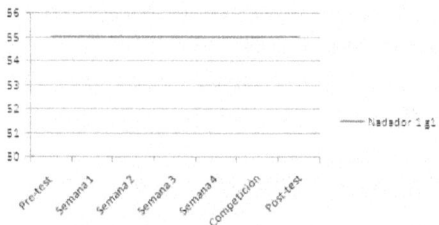

Gráfico 5. 43. Evolución por semana de los tiempos en 100 metros del sujeto 1 del grupo 1.

El nadador 2 (gráfico 5. 44.), tras la primera semana de entrenamiento obtiene su mejor marca, que tras tres semanas vuelve a recuperarla, manteniéndola en la competición y en la semana de desentrenamiento.

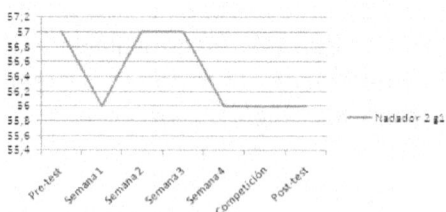

Gráfico 5. 44. Evolución por semana de los tiempos en 100 metros del sujeto 2 del grupo 1.

El nadador 3 (gráfico 5. 45.), tras bajar su tiempo en la primera semana, mantiene su registro durante el resto de las semanas que dura el entrenamiento hasta la finalización del estudio.

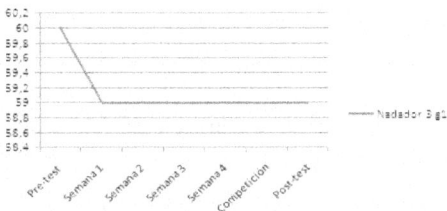

Gráfico 5. 45. Evolución por semana de los tiempos en 100 metros del sujeto 3 del grupo 1.

El nadador 4 (gráfico 5. 46.), baja su marca en la primera semana de entrenamiento, esta marca no la recupera hasta el día de la competición donde no solo mejora su mejor marca, si no que la mantiene tras una semana de desentrenamiento.

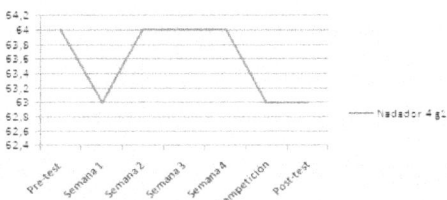

Gráfico 5. 46. Evolución por semana de los tiempos en 100 metros del sujeto 4 del grupo 1.

El nadador 5 (gráfico 5. 47.), reduce la marca obtenida en el pre-test de una forma más lineal en el tiempo respecto al resto de participantes, mejorando ésta tras la primera semana de entrenamiento y volviéndola a mejorar en la competición.

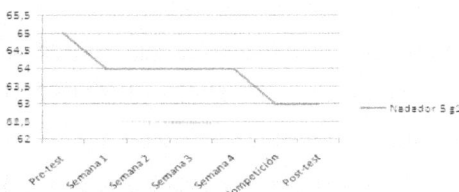

Gráfico 5. 47. Evolución por semana de los tiempos en 100 metros del sujeto 5 del grupo 1.

Tras exponer los resultados del grupo 1, se pasan a exponer los de grupo 2. En primer lugar, podemos observar en la tabla 5. 14. donde se reflejan los estadísticos descriptivos (media, mínimo, máximo y desviación típica) así como la prueba de Friedman, tras el análisis estadístico de los resultados obtenidos.

En ella se refleja la trayectoria de los tiempos a lo largo del tiempo de estudio que va desde el pre-test hasta el post-test, pasando por 4 semanas de entrenamiento y otra de competición. En ella se puede observar que no hay mejoras significativas en los tiempos de 100 metros por parte del grupo 2 en 100 metros.

Tabla 5. 14. Estadísticos Descriptivos y prueba de Friedman. Grupo 2. Pre-test, Primera, segunda, tercera y cuarta semana, competición y post-test de 100 metros crol.

Variable		Pre-test	Semana 1	Semana 2	Semana 3	Semana 4	Competición Semana 5	Post-test Semana 6
N		5	5	5	5	5	5	5
Parámetros normales	Media	65,80	66,80	66,60	65,20	65,20	65,00	65,00
	Mínimo	60	61	59	58	59	60	60
	Máximo	75	74	73	74	74	73	73
	Desviación típica	7,530	6,340	6,348	7,294	7,190	6,856	6,856
Sig. Asintót.		,495						

Si comparamos la significación existente entre los momentos importantes del estudio (pre-test, competición y post-test o desentrenamiento) a través del análisis estadístico, encontraríamos el siguiente resultado:

Tabla 5. 15. Prueba de Friedman. Pre-test, competición y post-test, Grupo 2: 100 metros.

Pre-test	Competición (Semana 5)	Post-test (Desentrenamiento)
,135		

No existen diferencias significativas tras el entrenamiento. El siguiente gráfico muestra los resultados obtenidos. Como se puede observar, los tiempos tras el pre-test no mejoran en tres sujetos, manteniendo la misma marca obtenida en el pre-test, no habiendo por tanto, mejoras tras el entrenamiento.

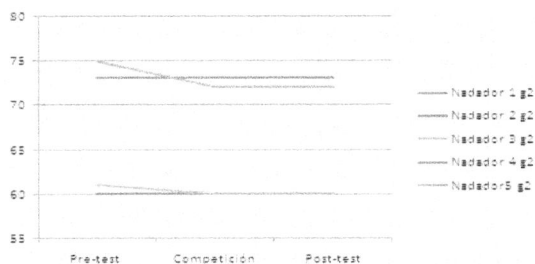

Gráfico 5. 48. Evolución de los tiempos en el pre-test, competición (semana 5) y post-test en los nadadores del grupo 2 en la prueba de 100 metros crol.

A continuación se muestran los gráficos individuales de los nadadores donde se pueden ver los cambios producidos en la marca de 100 metros a lo largo de los diferentes controles de tiempo que se han hecho a lo largo del estudio.

El nadador 1 (gráfico 5. 49.), el nadador 2 (gráfico 5. 50.) y el nadador 4 (gráfico 5. 52.), tras las semanas de entrenamiento no obtienen mejoras en su marca de 100 metros haciendo el mismo registro que hicieron en el pre-test.

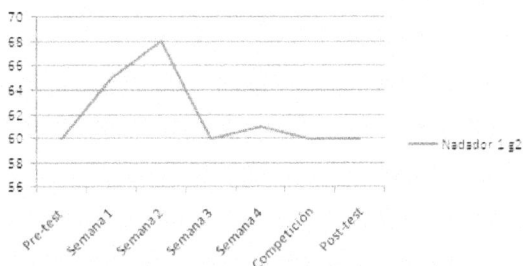

Gráfico 5. 49. Evolución por semana de los tiempos en 100 metros del sujeto 1 del grupo 2.

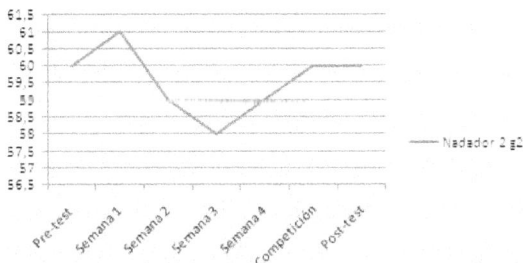

Gráfico 5. 50. Evolución por semana de los tiempos en 100 metros del sujeto 2 del grupo 2.

El nadador 2 (gráfico 5. 51.), si mejora su rendimiento, este lo hace en la 4 semana y mantiene esta mejora durante las semanas restantes al estudio.

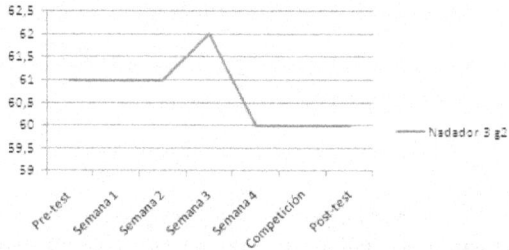

Gráfico 5. 51. Evolución por semana de los tiempos en 100 metros del sujeto 3 del grupo 2.

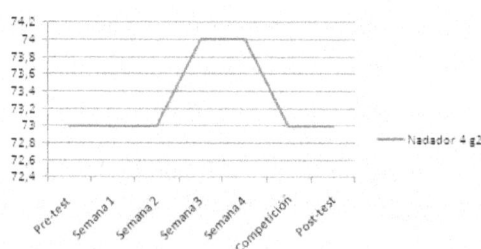

Gráfico 5. 52. Evolución por semana de los tiempos en 100 metros del sujeto 4 del grupo 2.

Como se puede ver, el nadador 5 (gráfico 5. 53.) mejora su rendimiento, hasta que en la semana 2 llega a su mejor marca manteniéndola el resto de las semanas.

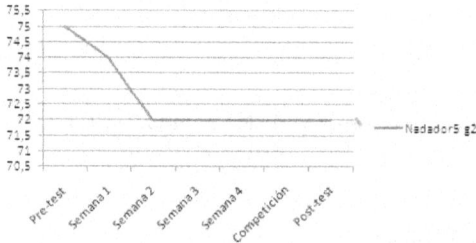

Gráfico 5. 53. Evolución por semana de los tiempos en 100 metros del sujeto 5 del grupo 2.

Por último, pasamos a describir los cambios producidos en el grupo 3 de este estudio, decir que este grupo no ha realizado ningún entrenamiento de fuerza paralelo al estudio, y solo han realizado entrenamiento de agua.

En la tabla 5. 16. se reflejan los estadísticos descriptivos (media, mínimo, máximo y desviación típica) así como la prueba de Friedman. En ella se refleja la trayectoria de los tiempos a lo largo del tiempo de estudio que va desde el pre-test hasta el post-test, pasando por 4 semanas de entrenamiento y otra de competición. En ella se puede observar que no hay mejoras significativas en la mejora de los 100 metros por parte del grupo 3 en 100 metros.

Tabla 5. 16. Estadísticos Descriptivos y prueba de Friedman. Grupo 3. Pre-test, Primera, segunda, tercera y cuarta semana, competición y post-test de 100 metros crol.

Variable		Pre-test	Semana 1	Semana 2	Semana 3	Semana 4	Competición Semana 5	Post-test Semana 6
N		5	5	5	5	5	5	5
Parámetros normales	Media	76,60	77,60	76,60	77,20	76,60	76,20	76,20
	Mínimo	70	69	69	69	69	69	69
	Máximo	84	88	85	86	87	86	86
	Desviación típica	4,980	7,092	5,941	6,140	7,232	6,760	6,760
Sig. Asintót.		,349						

Si comparamos la significación existente entre los momentos importantes del estudio (pre-test, competición y post-test o desentrenamiento) a través del análisis estadístico, encontraríamos el siguiente resultado:

Tabla 5. 17. Prueba de Friedman. Pre-test, competición y post-test, Grupo 3: 100 metros.

Pre-test	Competición (Semana 5)	Post-test (Desentrenamiento)
	,819	

Donde se puede ver que no existen diferencias significativas tras el entrenamiento. En el siguiente gráfico se expone este efecto. Como se puede observar los tiempos tras el pre-test no mejoran en dos sujetos, siendo sus tiempos peores tras el pre-test.

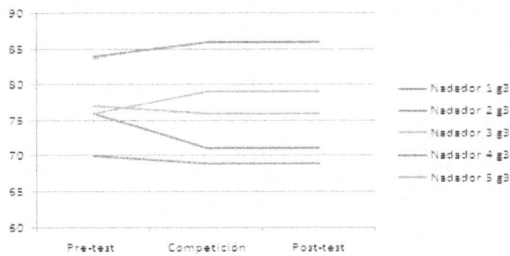

Gráfico 5. 54. Evolución de los tiempos en el pre-test, competición (semana 5) y post-test en los nadadores del grupo 3 en la prueba de 100 metros crol.

A continuación se muestran los gráficos individuales de los nadadores, donde se pueden ver los cambios producidos en la marca de 100 metros a lo largo de los diferentes controles de tiempo que se han hecho a lo largo del estudio.

El nadador 1 (gráfico 5. 55.), mejora su marca obtenida en el pre-test en la 4ª semana de entrenamiento, manteniendo esta marca en la competición y manteniendo ésta posteriormente.

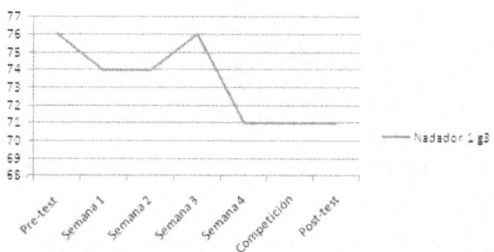

Gráfico 5. 55. Evolución por semana de los tiempos en 100 metros del sujeto 1 del grupo 3.

El nadador 2 (gráfico 5. 56.), es muy irregular en los controles en 100 metros, subiendo cada semana su mejor marca, de tal forma que al finalizar el estudio su tiempo empeora.

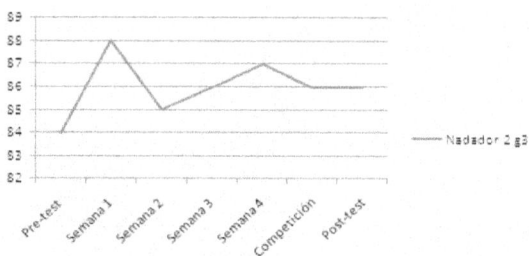

Gráfico 5. 56. Evolución por semana de los tiempos en 100 metros del sujeto 2 del grupo 3.

Lo mismo sucede con el nadador 3 (gráfico 5. 57.), que hace su mejor registro en el pre-test, y luego va subiendo su marca a lo largo de las semanas, sin llegar a igualar o mejorar su marca en el pre-test.

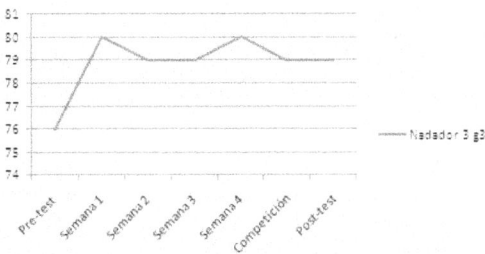

Gráfico 5. 57. Evolución por semana de los tiempos en 100 metros del sujeto 3 del grupo 3.

Los nadadores 4 y 5 (gráficos 5. 58. Y 5. 59.) mejoran sus tiempos en la primera semana y segunda semana respectivamente, manteniendo esa mejora de forma lineal durante el resto del estudio.

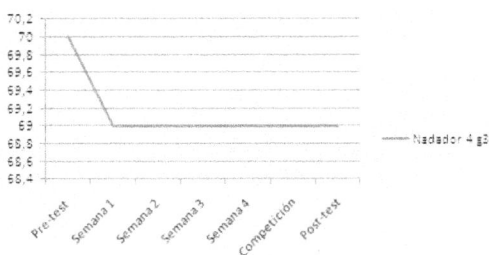

Gráfico 5. 58. Evolución por semana de los tiempos en 100 metros del sujeto 4 del grupo 3.

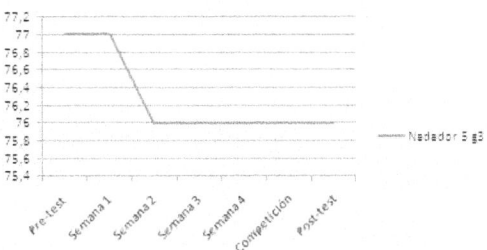

Gráfico 5. 59. Evolución por semana de los tiempos en 100 metros del sujeto 5 del grupo 3.

Una vez expuesto grupo a grupo las diferencias existentes entre el Pre-test, semanas de entrenamiento, competición y post-test, pasamos a presentar la misma estructura de análisis, solo que ahora expondremos las diferencias entre grupos.

En primer lugar, en la tabla 5. 18. se reflejan los estadísticos descriptivos (media, mínimo, máximo y desviación típica) así como la prueba de Kruskal-Walis. En ella se refleja la trayectoria de los tiempos a lo largo del tiempo de estudio que va desde el pre-test hasta el post-test, pasando por 4 semanas de entrenamiento y otra de competición. En ella se puede observar que hay diferencias significativas p<0,05 en la mejora del tiempo.

Tabla 5. 18. Estadísticos Descriptivos y prueba de Kruskal-Wallis. Comparación entre grupos: Pre-test, Primera, segunda, tercera y cuarta semana, competición y post-test de 100 metros crol.

Variable		Pre-test	Semana 1	Semana 2	Semana 3	Semana 4	Competición Semana 5	Post-test Semana 6
N		15	15	15	15	15	15	15
Parámetros normales	Media	67,53	67,93	67,67	67,40	67,13	66,80	66,80
	Mínimo	55	55	55	55	55	55	55
	Máximo	84	88	85	86	87	86	86
	Desviación típica	8,847	9,505	8,797	9,349	9,410	9,159	9,159
Sig. Asintót.		**,012**	**,009**	**,008**	**,012**	**,019**	**,017**	**,017**

En segundo lugar, si comparamos la significación existente entre los momentos importantes del estudio (pre-test, competición y post-test o desentrenamiento) a través del análisis estadístico, encontraríamos el siguiente resultado:

Tabla 5. 19. Prueba de Kruskal-Wallis. Pre-test, competición y post-test, Grupo 1, 2 y 3: 100 metros.

Pre-test	Competición (Semana 5)	Post-test (Desentrenamiento)
,012	,017	,017

Y por último, como se puede ver, hay un alto grado de significación entre los grupos en la prueba de 100 metros crol, a continuación mostramos dos gráficas, donde aparece esa evolución por grupos a lo largo del estudio (5. 60. Y 5. 61.).

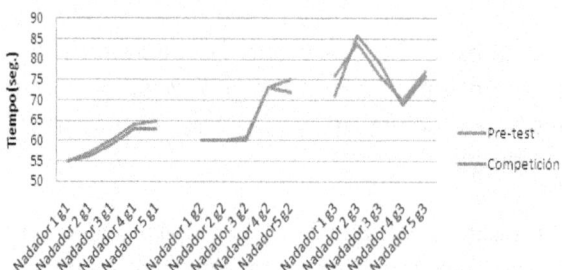

Gráfico 5. 60. Comparación de tiempos en Pre-test (semana 1) con el de competición (semana 5) en la prueba de 100 metros crol.

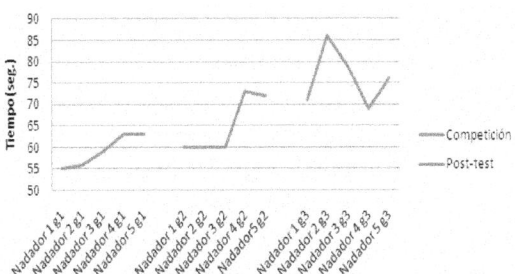

Gráfico 5. 61. Comparación de tiempos en Competición (semana 5) con el de post-test (semana de desentrenamiento) en la prueba de 100 metros crol.

6. DISCUSIÓN.

El propósito de este estudio ha sido analizar las diferencias en el entrenamiento de fuerza por método de contrastes y concéntrico en la mejora del rendimiento en la prueba de 50 y 100 metros crol en natación.

Esta discusión la vamos a tratar bajo tres aspectos importantes tras el análisis de los resultados expuestos en el apartado anterior.

En primer lugar, discutiremos con los estudios relacionado los efectos del entrenamiento de fuerza (por ambos métodos (concéntrico y contrastes)) que han provocado cambios en el rendimiento de los sujetos expuestos a él; en segundo lugar, los cambios producidos en el rendimiento de la prueba de 50 y de 100 metros crol; para en último lugar discutir sobre los cambios producidos tras el desentrenamiento.

Siguiendo con el guión establecido en el párrafo anterior, vamos a exponer las modificaciones del rendimiento tras el entrenamiento de fuerza.

Tras un entrenamiento usando un método concéntrico durante las 4 semanas previas a la competición, se han obtenido mejoras en la fuerza máxima por parte de todos los sujetos sometidos a este tipo de entrenamiento. En nuestro tratamiento se entrenaba 3 días por semana durante 4 semanas. A nuestro conocimiento son escasos los estudios que hablen de este tipo de entrenamiento en seco con nadadores, es debido quizás a que la tendencia en natación es trabajar específicamente la fuerza en el agua, siendo normalmente un trabajo de carácter resistido (Girold et al. 2007).

En nuestro trabajo tras la aplicación del entrenamiento y valorando los resultado tras el post-test, hemos obtenido mejoras significativas en la mejora de la fuerza máxima, y por tanto la consiguiente mejora del rendimiento en los ejercicios realizados en gimnasio. Esta mejora del rendimiento se ha podido producir por diversas causas, nuestra principal sospecha es que esta se ha debido a la inexperiencia de los sujetos a la hora de realizar un tratamiento de fuerza, ya que nunca antes lo habían desarrollado. Estas mejoras son evidentes en sujetos inexpertos, ya que la aplicación de un entrenamiento de fuerza de estas características produce una mejora significativa en los índices de fuerza del sujeto. (Ben-Sira et al. (1995); Marler et al. (1999); Evetovich et al. (2001) y Delbaere et al. (2003).

Los resultados de este trabajo son similares al de Marler et al. (1999), ya que compararon dos métodos de entrenamiento de fuerza (uno concéntrico y otro excéntrico) obteniendo una mejora de la fuerza en el test de 1 repetición máxima (1RM), y donde no se produjeron diferencia alguna entre grupos. Efectos que en nuestro estudio se ha demostrado, siendo el otro tipo de entrenamiento de fuerza de contrastes.

La especificidad del método de cargas concéntricas permite, en primer lugar, mejorar la potencia máxima y la fuerza tal y como plantean González y Gorostíaga (2002) y por otra parte ha permitido mejorar la velocidad en natación por lo que podemos inferir que se ha producido una transferencia a la potencia específica de nado.

Por otro lado, está la aplicación del método de contrastes para la mejora de la fuerza máxima en nuestro estudio. Tras su aplicación se han obtenido mejoras en el rendimiento. Estas mejoras son comparables a las de otros estudios, que tras su aplicación obtuvieron mejoras significativas (Chirosa, 1997; Chirosa et al. 2000; Mayo y Pardo, 2001; Chirosa et al. 2002, en Juarez y Navarro 2007b; Vilaça et al. 2010; Duthie el al. 2002; Hermassi, 2010; Smilios et al. 2005).

Los resultados del presente estudio coinciden con los de Smilios et al. (2005) tras la aplicación de un entrenamiento de contrastes a corto plazo, produciendo un aumento en el rendimiento de la fuerza. Por lo que podemos pensar que tras un breve periodo de entrenamiento (4 semanas) aplicando este método de entrenamiento se pueden obtener mejoras significativas en el aumento de la fuerza máxima, ya que nosotros también hemos encontrado diferencias tras la aplicación de este tipo de entrenamiento.

Por otro lado, está el estudio de Vilaça (2010) que propone un trabajo de fuerza por método de contrastes en jugadores de fútbol, obteniendo mejoras tras el entrenamiento, en el desarrollo de la potencia y velocidad. Sin embargo, en nuestro estudio, tras la aplicación del método de fuerza, los resultados que obtuvimos tras la competición no fueron significativos, por lo que pensamos que no ha habido una buena trasferencia del trabajo en seco al rendimiento en natación.

Esta mejora en el rendimiento tras cuatro semanas, puede dar lugar a pensar, que es causada principalmente por la inexperiencia de los sujetos en un programa de fuerza. Esa inexperiencia unida a una adecuada progresión de las cargas ha permitido una adaptación adecuada al entrenamiento por parte de los nadadores. Sin embargo, este tipo de entrenamiento donde se mezclan dos tipos de cargas (pesadas y ligeras) han resultado ser efectivo en programas a largo o a corto plazo (Baker, 1999 y Kraemer y Newton, 1994).

Por otro lado, la inexperiencia de los sujetos en el entrenamiento de fuerza, podría causar mayores adaptaciones en el entrenamiento que en deportistas que tienen ya un cierto bagaje en el entrenamiento con estos contenidos. Se puede pensar que esta mejora es provocada por este tipo de entrenamiento ya que ha resultado efectivo en numerosos estudios, donde se ha podido comprobar los efectos positivos de este tipo de entrenamiento (Gulling y Schmidtbleicher, 1996) y provocando mejoras en el rendimiento a corto plazo (Smilios et al. 2005). Ya que en ambos estudios se mejora la fuerza y la potencia, importantes capacidades para garantizar un buen rendimiento en pruebas de corta duración en natación (Navarro, et al. 2003).

Aunque también tenemos que tener en cuenta, como pasaba en la aplicación del método de concéntrico, la inexperiencia de los sujetos, ya que sin experiencia previa también se pueden obtener mejora en los efectos de un entrenamiento de fuerza a través de método de contrastes (Juarez y Navarro, 2007b).

La mejora en el rendimiento no ha sido igual en miembros superiores que en miembros inferiores, ya que en el ejercicio de extensión y flexión de piernas, no se ha producido ninguna mejora en la fuerza máxima, simplemente se ha mantenido. Son diversos los estudios que hemos encontrado que utilizan este método de entrenamiento (Vilaça et al. 2010; Duthie el al. 2002, Hermassi, 2010; etc.). En ambos estudios miden esta mejora o sobre el tren superior (press de banca, por ejemplo) o sobre el tren inferior (a través de un SJ (squat jump o salto vertical). Sin embargo, solo hemos encontrado el estudio de Gulling y Schmidtbleicher (1996), donde estudian las mejoras tanto en miembros superiores o inferiores, obteniendo una mejora explosiva en ambas partes.

Sobre la mejora en el rendimiento del tren inferior existen diversos estudios, como por ejemplo, los de Duthie et al. (2002) y Smilios et al. (2005), donde obtuvieron tras la aplicación del entrenamiento, mejoras significativas en el rendimiento del tren inferior para la mejora del SJ o del CMJ (salto con contramovimiento). Nosotros hemos podido comprobar la mejora del rendimiento en media sentadilla; en extensión y flexión pensamos que el mantenimiento de este rendimiento ha podido estar provocado por la posible fatiga de los músculos del tren inferior, ya que en natación el mantenimiento del rendimiento se produjo sin cambios aparentes.

Comparando algunos de los estudios revisados (Duthie, 2002; Vilaça 2010; Smilios et al. 2005, Hermassi, 2010), y comparándolos con los resultados obtenidos en nuestro estudio, a pesar de los ejercicios donde no ha habido mejora (press de hombro (método concéntrico) y flexión y extensión de piernas (método de contrastes) no ha habido disminución del rendimiento, ya que éste o se ha mejorado o se ha mantenido, pero en ningún caso ha empeorado.

Cuando se comparan los resultados entre grupos, no obtenemos diferencias significativas entre ellos, ya que tras la aplicación de ambos métodos y a pesar de los ejercicios donde no ha habido mejora (press de hombro (método concéntrico) y flexión y extensión de piernas (método de contrastes) no ha habido disminución del rendimiento, ya que este o se ha mejorado o se ha mantenido, pero en ningún caso ha empeorado. Este hecho podría ser debido a que ambos métodos han sido efectivos para el mantenimiento o mejora del rendimiento en 1 RM, es por ello que inicialmente se puede recomendar a corto plazo la inclusión de uno u otro método, aunque habría que considerar los resultados del trabajo a largo plazo.

En segundo lugar, vamos a discutir sobre los cambios producidos en el rendimiento de la prueba de 50 y de 100 metros crol, relacionando con el entrenamiento o no de fuerza, ya que el grupo 3, únicamente entreno la parte de agua.

La relación de entrenamiento de seco y de agua en natación, parece producir efectos positivos en el rendimiento sprint de natación (Garrido et al. 2010a), este rendimiento seria sobre la prueba de 50 y 100 metros crol (pruebas de este estudio), ya que éstas son las pruebas sprint en natación, donde la aplicación de un programa de fuerza es importante para influir de forma positiva en el rendimiento (Navarro, 2003; Garrido 2010a; Garrido 2010b y Marques et. al 2008).

La mejora de la fuerza máxima ha sido evidente como se ha clarificado anteriormente, relacionando esta mejora con la mejora de la velocidad en las pruebas. Se ha obtenido una mejora en el rendimiento tras la aplicación del entrenamiento de la fuerza, más notorias en el grupo 1, ya que se obtuvieron mejoras significativas tras la aplicación de los test. El rendimiento ha mejorado o se ha mantenido en el grupo 2 y 3, obteniendo resultados positivos tras la aplicación del entrenamiento de fuerza. Sin embargo, el grupo 3 ha mejorado su marca en 50 y 100 metros tras el pre-test, esta diferencia puede ser debida a la especificidad de carga de entrenamiento en agua a la que no estaban acostumbrados, ya que realizaban entrenamientos variados donde había poca especificidad.

La mejora en el rendimiento en la prueba de 50 y 100 metros, por parte del grupo 1, que realizo un entrenamiento de fuerza concéntrico, pensamos que ha podido ser debida a que el entrenamiento de carácter concéntrico potencia la mejora de la potencia, capacidad que es importante en una prueba de corta duración en natación. Por lo que se podría decir que este entrenamiento es más efectivo para la mejora en pruebas de corta duración.

Concluimos, añadiendo que la aplicación de un entrenamiento de fuerza junto con un entrenamiento de agua ha resultado ser efectivo para la mejora del rendimiento en pruebas de corta duración en natación (Navarro, 2003; Garrido 2010a; Garrido 2010b, Núñez et al. 2008 y Marques et. al 2008). Ejemplo de ello tenemos el estudio de Garrido, (2010a y 2010b) donde demostró como ya hemos mencionado anteriormente dentro de este mismo apartado, que combinado un trabajo de fuerza con uno de natación se pueden obtener mejoras en el rendimiento de natación en pruebas sprint, ya que uno de los beneficios es la mejora de la potencia, capacidad que es importante en natación (Navarro et al. 2003), en nuestro trabajo hemos obtenido mejoras en el rendimiento o mantenimiento de este, lo que al menos nos indica que un entrenamiento de fuerza en natación no resulta perjudicial para el rendimiento en este tipo de pruebas.

Por último lugar, presentamos las modificaciones tras el desentrenamiento.

El desentrenamiento (cese del entrenamiento) ha mostrado en el presente estudio que se mantiene el efecto residual, al menos durante 4 semanas tal y como mantienen Mujika y Padilla, (2001). Es a partir de la octava semana cuando éstos empiezan a disminuir (Kraemer y Ratamess, 2003). En el presente estudio, el rendimiento se ha mejorado o se ha mantenido, en ningún caso se ha producido una disminución de rendimiento.

En la prueba de 50 metros, el grupo 3 mejoró sus resultados en competición, obteniendo los mejores resultados, respecto de los otros dos grupos. La principal causa que podría haber producido esta mejora sería el descanso tras la aplicación del entrenamiento, ya que ellos solo realizaron entrenamiento de agua. Por otro lado, en la prueba de 100 metros no hubo diferencias entre grupos, ya que ambos mantuvieron el rendimiento.

Weineck (2005) aporta que un aumento de fuerza adquirido rápidamente se pierde con rapidez una vez que se interrumpe el entrenamiento. Por ello, podemos pensar que el grupo 1 y 2 (que realizado un programa de fuerza) han sido participes de este efecto, por lo que han sufrido este efecto, y no han podido mejorar su marca de competición.

Por lo tanto, tras la presentación de las modificaciones obtenidas tras la aplicación del tratamiento, podemos decir que parece que el entrenamiento de fuerza es eficaz para la mejora del rendimiento en la prueba de 50 y 100 metros en competición.

7. LIMITACIONES DEL ESTUDIO.

En este apartado se exponen las limitaciones de tipo técnico y humano con las que se ha llevado a cabo dicha investigación.

Las limitaciones de tipo humano han sido:

-El número de sujetos con los que finalmente se realizo el estudio (15) es una limitación a la hora de extrapolar las conclusiones al resto de la población.

Las limitaciones de tipo técnico han sido:

-La falta de tecnología para poder valorar ciertas variables, por ejemplo de cronómetros que midiesen la frecuencia de ciclo de brazada para poder hacer un análisis de la variación o no a lo largo de las semanas de entrenamiento y control de los tiempos, para ver influencias positivas o negativas del entrenamiento de fuerza.

-Control más exhaustivo de las actividades deportivas o de ocio complementarias en cada sujeto, y poder controlar su alimentación de una forma más íntegra.

8. CONCLUSIONES.

Considerando el marco teórico establecido y en relación a los resultados obtenidos tras aplicar la metodología de investigación pertinente para dar respuesta a los objetivos del presente trabajo, se puede establecer las siguientes conclusiones del estudio:

1. Tras un entrenamiento usando un método concéntrico durante las 4 semanas previas a la competición, se han obtenido mejoras en la fuerza máxima por parte de todos los sujetos sometidos a este tipo de entrenamiento, por lo que se puede decir que aplicando este método se obtienen mejoras en el rendimiento. Este tipo de entrenamiento mejoró el test de 1RM en todos los ejercicios, salvo en el Press de Hombro, donde no hubo mejoras significativas en el post-test.

2. Tras un entrenamiento usando un método contrastes durante las 4 semanas previas a la competición, se han obtenido mejoras en la fuerza máxima por parte de todos los sujetos sometidos a este tipo de entrenamiento, por lo que se puede decir que aplicando este método se obtienen mejoras en el rendimiento. Este tipo de entrenamiento mejoro el 1RM en todos los ejercicios, salvo en el ejercicio de extensión y flexión, donde no hubo mejoras significativas en el post-test.

3. Ambos métodos de entrenamiento han sido eficaces en la ganancia de fuerza, de tal forma que tras la aplicación de los métodos se ha podido observar que los dos métodos han sido eficaces para la mejora de esta capacidad, sin embargo, si compramos entre grupos, que método ha sido más eficaz, no se obtienen mejoras significativas entre los grupos ellos.

4. En la mejora del rendimiento en la prueba de 50 metros, el grupo 1 ha sido el único que ha obtenido una mejora en el rendimiento, siendo el único grupo que ha obtenido mejoras significativas tras el tratamiento.

5. En la mejora del rendimiento en la prueba de 100 metros, el grupo 1 ha sido el único que ha obtenido una mejora en el rendimiento, siendo el único grupo que ha obtenido mejoras significativas tras el tratamiento.

6. Respecto de las mejoras obtenidas después de 1 semana de desentrenamiento, no encontramos diferencias significativas entre los grupos en la prueba de 100, ya que todos mantienen el tiempo realizado en competición. Sin embargo, sobre los 50 metros, el grupo 3 marco el mayor grado de significación, ya que todos sus componentes aumentaron el rendimiento. Si hablamos de disminuir o mantener el rendimiento, el grupo 1 disminuyo los tiempos conseguidos en la competición, y por tanto, mejorando el rendimiento tras el desentrenamiento.

9. PERSPECTIVAS FUTURAS DE INVESTIGACIÓN.

Tras las conclusiones y valorando las limitaciones tanto humanas como tecnológicas del estudio, las futuras líneas de investigación que continúen analizando los efectos de un entrenamiento de fuerza en natación, deberían encaminarse a:

-Analizar las mejoras de fuerza teniendo en cuenta otros métodos, como un método excéntrico, entre otros con el objeto de poder observar con que método se obtienen mayores ganancias en la fuerza máxima. Así mismo intentar que el grupo sea más numeroso y más homogéneo en edades y niveles.

-Desarrollar el estudio sobre un periodo más prolongado de tiempo, por ejemplo: durante un macrociclo (3-4 meses), y ver sus efectos en la mejora o no de fuerza y velocidad en la prueba.

-Valorar más variables a tener en cuenta en la posible mejora de la fuerza o de la velocidad en 50 y 100 metros valorando variables como la frecuencia y longitud de brazada, con métodos de mejora de fuerza solo de tren superior o inferior de forma aislada o conjunta para la mejora de la capacidad de desplazarse en el agua de una forma más ergonómica y rápida, con el objetivo de mejora del tiempo en la prueba.

-Realizar un estudio comparativo entre hombres y mujeres, valorando si el entrenamiento de fuerza es igual de eficaz en ambos sexos o hay diferencias significativas, analizando su evolución y la alternancia con un entrenamiento específico de agua; y ver que método de entrenamiento de fuerza es más efectivo para proporcionar la posible mejora

-Hacer un entrenamiento específico durante un periodo determinado en la temporada orientado a la mejora de la fuerza específica solo en el agua y comparar con un método de seco-agua y ver con qué tipo de entrenamiento se obtienen mejoras más notorias sobre la prueba.

10. BIBLIOGRAFÍA.

- -Abadie, B., Altorfer, G., and Schuler, P. (1999). Does a regression equation to predict maximal strength in untrained lifters remain valid when subjects are technique trained?. Journal of Strength and Conditioning Research. 13:259-263.
- -Aspenes, S., Kjendie, P-L., Hoff, J. and Helgerud, J. (2009). Combined strength and endurance training in competitive swimmers. Journal of Sports Science and Medicine 8, 357-365.
- -Baker, D. and Nance, S. (1999). The relation between running speed and measures of strength and power in professional rugby league players. Journal of Strength and Conditioning Associartion, 13(3), 230-235.
- -Ben-Sira, D., Ayalon, A. and Tavi Moshe. (1995). The effect of different type of strength training on concentric strength in women. Journal of Strength and Conditioning Associartion, 9(3), 143-148
- -Bulgakova, N. Z., Vorontsov, A. R. y Fomichenko, T. G. (1987). Improving the technical preparedness of Young swimmers by using strength training. Theory an Practce of Physical Culture, 7, 31-33.
- -Breed, R. V., Young, W. B. y McElroy, G. K. (2000). The effect of a resistance-trainning program on the grab, swing, and track stars in swimming. 2000 Pre-Olympic Congress in Sports Medicine and Physical Educatión: Internacional Congress on Sport Science. Brisbane, Australia.
- -Cometti, G. (1999). Los métodos modernos de musculación. Barcelona: Paidotribo.
- -Cronin, J., Jones, J. And Frost, D. (2007). The relationship between dry-land power measures and tumble turn velocity in elite swimmers. Journal Swimming Research, Vol. 17, 17-23.
- -Crowe, S. E., Babington, J. P. Tanner, D. A. y Stager, J. M. (1999). The relationship of strength and dry land power, swimming power, and swim performance. Medicine and Science in Sports and Exercise, 31(5), Supplement abstract 1230.
- -Delbaere, K., Bourgois, J., Witvrouw, E. E., Willems, T. M. and Cambier, D. C. (2003). Age-related changes in concentric and eccentric muscle strength in the lower and upper extremity: A cross-sectional study. Isokinetics and Exercise Science 11 (2003) 145-151 145.
- -Duthie, G. M., Young, W. B. and Aitken, D. A. (2002). The acute effects of heavy loads on jump squat performance: an evaluation of t he complex and contrast methods of power development. Journal of Strength and Conditioning Research, 16(4), 530-538.
- -Ebben, W. P., Watts, P. B., Jensen, R. L., and Blackard, D. O. (2000). EMG and kinetic analysis of complex training exercise variables. Journal of Strength and Conditioning Research, 14(4), 451-456.

- Evans, A. K., Hodgkins, T. D., Durham, M. P., Berning, J. M., and Adams, K. J. (2000). The acute effects of a 5RM bench press on power output. Medicine and Science in Sports and Excercise, 32(5), S312.
- Evetovich, T. K., Housh, T. J., Housh, D. J., Johnson, G. O., Smith, D. B. and Ebersole, K. T. (2001). The effect of concentric isokinetic strength training of the quadriceps femoris on electromyography and muscle strength in the trained and untrained limb. Journal of Strength and Conditioning Associartion, 14(4), 439-445.
- García, J. M. (1999). La fuerza. Madrid: Gymnos.
- Garhammer, J. (1993). A review of powr output studies of Olympic ad Powerlifting: methodology, performance prediction and evaluation tests. Journal of Strength and Conditioning Research, 7(2), 76-90.
- Garrido, N., Marinho, D. A., Reis, V. M., Tillaar, R. , Costa, A. M., Silva, A. J. and Marques M. C. (2010a). Does combined dry land strength and aerobic training inhibit performance of young competitive swimmers?. Journal of Sports Science and Medicine 9, 300-310.
- Garrido, N., Marinho, D. A., Reis, V. M., Tillaar, R. , Costa, A. M., Silva,, A. J. and Marques M. C. (2010b). Relationships between dry land strength, power variables and short sprint performance in young competitive swimmers. Journal of Human Sport and Exersice. Vol. V, number 2 (240-249).
- Girold, S., Muarin, D., Dugue, B., Chatard, J. C. and Millet, G. (2007). Effects of dry-land vs. resisted-and assisted-sprint exercises on swimming sprint performances. Journal of Strength and Conditioning Research, 21(2), 599-605.
- González, J. J. y Gorostíaga, E. (2002). Fundamentos del entrenamiento de la fuerza. Aplicación al alto rendimiento deportivo. Inde: Barcelona.
- González, J. M.; Muñoz, V. E.; Juarez, D.; García, J. M. y Navarro, F. (2008). Respuestas a corto plazo al entrenamiento de fuerza máxima en jugadores de futbol-sala y ciclistas. Motricidad. European Journal of Human Movement: 20, 29-40.
- González, J. J. y Ribas, J. (2002). Bases de la programación del entrenamiento de fuerza. Inde: Barcelona.
- Gullich, A. and Schmidtbleicher, D. (1996). MVC-induced short.term potentiation of explosive force. New Studies in Athletics, 11(4), 67-81.
- Hermassi, S., Souhaiel, M., Fathloun, M. and Shephard, R. J. (2010). The effect of heavy-vs. moderate-load training on the development of strength, power, and throwing ball velocity in male handball players. Journal of Strength and Conditioning Research; 24(9)/2408-2418.
- Hortobagbyi, T., Barrier, J. beard, D., Braspennincx, J. Koens, P., De Vita, P., Dempsey, L., Israel, R. y Lambert, J. (1996). Greater adaptations with submaximal muscle lengthening than maximal shortening contractions. Medicine and Science in Sports and Exercise, 28(5), Supplement Abstract 761.
- Hutchins M. D., Gearhart R. F.(2010). Accuracy of 1-RM Prediction Equations for the Bench Press and Biceps Curl. JEPonline; 13 (3): 32-39.
- Juarez, D. y Navarro, F. (2007a). Efectos del Desentrenamiento sobre la Fuerza. PubliCE Standard. 02/07/2007. Pid: 836.

- -Juarez, D. y Navarro, F. (2007b). El Método de Entrenamiento de Contrastes: Una Opción de Desarrollo de la Fuerza Requerida en Acciones Explosivas. PubliCE Standard. 17/09/2007. Pid: 870.
- -Knight, K. (1979). Knee rehabilitation by the daily progressive resistive exercise technique. American Journal Sports Medicine; 7:336-337.
- -Kraemer, W. J. y Newton, R. U. (1994). Training for improved vertical jump. Sports Science Exchange, 7(6), 1-12.
- -Kraemer, W. J., & Ratamess, N. A. (2003). Endocrine responses and adaptations to strength and power training. En P. V. Komi (Ed.), Strength and power in sport (2ª ed., pp. 361-386). Malden: Blackwell Scientific Publications.
- -Kraemer, W. J., & Ratamess, N. A. (2005). Hormonal responses and adaptations to resistance exercise and training. Sports Medicine, 35(4), 339-361.
- -Mameletzi, D., Siatras, Th., Tsalis, G. and Kellis, S. (2003). The relationship between lean body mass and isokinetic peak torque of knee extensors and flexors in young male and female swimmers. Isokinetics and Exercise Science 11: 159–163.
- -Marler, T. A., Motl, R. W., Johnson, S. C., Walker, J. A. y Subudhi, A. W. (1999). Effects of concentric and eccentric hamstring strength training on 1-RM values in healthy adult males. Medicine and Science in Sports and Excersice, 31(5), Supplement abstract 1094.
- -Marques, M. C., Van Den Tillaar, R., Vescovi, J. D. and González, J. J. (2008). Changes in strength and power performance en elite senior female profesional volleyball players during the in-season: A case study. Journal of Strength and Conditioning Research; 22(4)/1147-1155.
- -Martín, L., Nevill, A. and Thompson, K. (2007). Diurnal variation in swim performance remains, irrespective of training once or twice daily. International Journal of Sports Physiology and Performance; 2: 192-200.
- -Mujika, I., and Padilla, S. (2001). Muscular characteristics of detraining in humans. Medicine Science Sports Exercise., Vol. 33, No. 8, pp. 1297–1303.
- -Navarro, F., Oca, A. y Castañón, F. J. (2003). El entrenamiento del nadador joven. Gymnos: Madrid.
- -Newton, H. (1999). Weightlifting? Weight lifting? Olympic lifting? Olympic weightlifting?. Conditioning Journal 221(3), 15-16.
- -Newton, R. (2003). Resistance training for sprint swimmers. NSCA's Performance training journal. 01(07). 17-31.
- -Núñez, V. M., Da Silva-Grigoletto, M. E., Castillo, E. F., Poblador, M. S. and Lancho, J. L. (2008). Effects of training exercises for the development of strength and endurance in soccer. Journal of Strength and Conditioning Research; 22(2)/518-523.
- -Papoti, M., Martins, L., Cunha, S. A., Zagatto, A. M. and Gobatto, C. (2007). Effects of taper on swimming force and swimmers performance after an experimental ten-week training program. Journat of Strengtb and Conditioning Research. 21(2), 538-542.
- -Platonov, V. y Fessenko, S. (1994). Los sistemas de entrenamiento de los mejores nadadores del mundo. Paidotribo: Barcelona.
- -Ramirez, E. (2008). Bases metodológicas del entrenamiento en natación. Wanceulen: Sevilla.

- -Schantz, P. G. y Kallman, M. (1989). Strength training is ineffective for oxidative metabolism. Swimming Technique, 5, 5-6.
- -Sharp, R. L., Troup, J.P. y Costill, D. L. (1982). Relationship between power and sprint freestyle swimming. Medicine and Science in Sports and Excersice, 14, 53-56.
- -Schilling, B. K., Falvo, M. J., Chiu, Z. F. (2008). Impulse-Momentum Relationships: Implications for efficacy of purposefully slow resistance training. Journal of Sports Science and Medicine. 7, 299-304.
- - Smilios, I., Pilianidis, T., Sotiropoulos, K., Antonakis, M. and Tokmakidis, S. P. (2005). Short-term effects of selected exercise and load in contrast training on vertical jump performance. Journal of Strength and Conditioning Associartion, 19(1), 135-139.
- -Strzala, M., Tyka, A. and Krezalek, P. (2007). Swimming technique and biometric and functional indices of young swimmers in relation to front crawl swimming velocity. Human Movement vol. 8 (2), 112-119.
- -Takeda, T., Ichikawa, H., Takagi, H. and Tsubakimoto, S. (2009). Do differences in initial speed persist to the stroke phase in front-crawl swimming?. Journal of Sports Sciences, November; 27(13): 1449-1454.
- -Trappe, S. And Pearson D. (1994). Effects of weight assisted dry-land strength training on swimming performance. Journal of Strength and Conditionating Research; 8($), 209-213.
- -Vilaça, J. M., Natal, A., Abrantes, C. y Sampaio, J. (2010). Short-term effects of complex and contrast training in soccer players vertical Jump, sprint, and agility abilities. Journal of Strength and Conditioning Research; 24(4)/936-941.
- -Weinenck, J. (2005). Entrenamiento Total. Paidotribo: Barcelona.
- -Werborm, M., Augustsoon, J., And Thomee, R. (2007). The influence of frecuency, intensity, volume and mode of strength training on whole muscle cross-sectional area in humans. Sports Medicine 337(3), 225-264.
- -Young, W. B., Jenner, A., and Griffiths, K. (1998). Acute enhancement of power performance from heavy load squats. Journal of Strength and Conditioning Research, 12(2), 82-84.
- -Zochowski, T. Johnson, E. And Sleivert, G. (2007). Effects of varying post-warm-up recovery time on 200-m time trial swim performance. International Journal of Sports Physiology and Performance; 2:201-211.

Capítulo 3.

ESTUDIO COMPARATIVO DE FUERZA Y POTENCIA ESPECÍFICA DE NADO POSTERIORES A LA APLICACIÓN DE DOS DISTINTOS PROGRAMAS DE ENTRENAMIENTO RESISTIDO CON VELOCISTAS DE 50 METROS.

RESUMEN.

Son numerosos los estudios que demuestran la importancia del entrenamiento de la fuerza y potencia especifica de nado en el rendimiento de natación de velocidad. Sin embargo, existen criterios contradictorios a la hora de señalar los procedimientos más convenientes para el desarrollo de los planes de entrenamiento para grupos que se inician en el entrenamiento resistido y que optimicen el tiempo de entrenamiento, reduciendo las excesivas horas y volúmenes de trabajo. El objetivo de este estudio fue analizar y comparar los efectos de dos distintas formas de organización de la carga del entrenamiento resistido en la natación, empleando un dispositivo de frenado denominado *swimm power rack*. Participaron en este estudio 16 nadadores experimentados (edad de 16,22± 2,6 años; talla 1,69±10,2 y peso de 61,3±9,9 kg.). Las variables dependientes fueron: carga máxima de arrastre (kg), potencia especifica de nado (w), fuerza y potencia medido en banco isocinético *(Swimm Bench)*, mejor marca de 50 metros crol y mejor marca en 50 metros estilo principal.

Los resultados reflejan como la Carga Máxima de Arrastre y el programa de entrenamiento organizado en forma piramidal doble, mejoró de forma significativa ($p<0.05$) en el desarrollo de la fuerza especifica de nado por encima del entrenamiento realizado en forma lineal estándar.

1. INTRODUCCIÓN.

Numerosos estudios muestran la alta correlación existente entre el entrenamiento de la fuerza y la potencia muscular con las marcas de la natación competitiva. La gran mayoría de estos estudios concuerdan en la relevancia de la preparación específica que mejor asemeje las condiciones de competición. Actuales estudios muestran una alta correlación entre la potencia de nado medida con dispositivos de frenado como el Power Rack y la velocidad máxima de nado (Maglischo, et al 1985; Dopsaj, 2000; Schnitzler, et al 2002; Shuji, et al 2002; Patnott, 2003; Llana, et al 2003; Morrison, 2005; Hannula and Thornton, et al 2007; Judez et al 2007; Navarro 2007; Girold, et al 2006; 2007; 2008; González, et al 2009; Wright et al 2009).

Por otra parte aun no se cuenta con conocimientos precisos y concluyentes sobre la mejor manera de confeccionar los programas de entrenamiento y preparación para realizar de la mejor manera estas tareas de preparación.

Esta investigación, compara los resultados de 6 semanas de preparación realizando un entrenamiento con cargas estándar frente a un entrenamiento cuya organización de cargas está organizada en forma piramidal doble. Participaron en este estudio 16 nadadores de nivel regional y nacional de la comunidad de Castilla la Mancha divididos en 2 grupos de 4 mujeres y 4 hombres cada grupo y conformados de manera aleatoria. Ambos grupos realizaron un programa de preparación de 6 semanas con 2 sesiones semanales (12 sesiones totales) destinadas al entrenamiento resistido de natación usando el dispositivo *Aquaforce*.

Se analizan y estudia:

- Carga Máxima de Arrastre (C.M.A.)
- Potencia especifica de nado (P.E.N.)
- Fuerza y potencia medido en banco Isocinético (Swimm Bench)
- Mejor marca de 50 metros crol
- Mejor marca en 50 metros estilo principal

2. ANTECEDENTES.

2.1. Entrenamiento de la fuerza en natación.

Los programas dirigidos al desarrollo de la fuerza son una constante inquietud en las tareas de investigación en ciencias aplicadas al rendimiento deportivo y en su utilidad para traducirse en mejoras de las marcas de competición. Se entiende que el entrenamiento de dos veces a la semana con un programa de fuerza integrado, incrementa la fuerza y potencia muscular en forma significativa en jóvenes sanos de ambos sexos (Navarro, 2004; Vasconcelos, 2005; Aparicio et al., 2005; González, 2007).

El concepto mecánico de la fuerza se refiere a "Toda causa o agente capaz de modificar el estado de reposo o la trayectoria de movimiento de los cuerpos materiales". La fuerza muscular es definida como "la capacidad de un músculo o grupo muscular para vencer o soportar una resistencia bajo condiciones específicas" (Verjhoshansky, 2000) y "representa la capacidad que tiene un sujeto para vencer o soportar una resistencia" (Garcia-Manso, 1999). La fuerza máxima es definida como "la máxima fuerza posible que el sistema neuromuscular es capaz de ejercer en una contracción máxima voluntaria" (Weineck, 2005). La especificidad del entrenamiento de la fuerza útil de cada modalidad deportiva es actualmente una de las constantes preocupaciones de estudio, investigación e innovación.

La natación es uno de los deportes competitivos que mayores evoluciones ha tenido en los últimos tiempos y esto es debido a la incursión de nuevas metodologías y conocimientos científicos y tecnológicos (Counsilman, 1980) que van desde los controvertidos bañadores de látex hasta las modernas y revolucionarias metodologías del entrenamiento producto de investigaciones continuamente actualizadas.

Se puede afirmar que la programación y periodización del entrenamiento de la natación no busca de manera exclusiva la mejora de la fuerza y su rendimiento de manera aislada al resultado deportivo, sin embargo numerosos estudios constatan la alta relación que mantiene el entrenamiento de la fuerza y la velocidad de nado de tal modo que la bibliografía revisada afirma que más del 80% del rendimiento en 50 metros crol se produce como resultado de la fuerza manifiesta y de la capacidad de los nadadores para manifestar una mayor potencia de nado (Dopsaj, 2000; Patnott, Post, y Northius, 2003; Newton, 2007). Particular importancia tiene la fuerza generada por las extremidades superiores y conforme la distancia de competición va en aumento la intervención y requerimientos de fuerza es progresivamente menor observándose que en 100, 200 y 400 metros, la contribución de fuerza muscular desciende a 74, 72 y 58% respectivamente. (Costill, Maglischo y Richardson, 1992).

La natación es un deporte donde la mayoría de los competidores practican alguna forma de entrenamiento de la fuerza, ya sean sesiones complementarias o bien sesiones destinadas exclusivamente al desarrollo de la fuerza. Aun se mantiene vigente el debate al respecto si la preparación y entrenamiento de la fuerza en seco con pesos libres y maquinas de musculación es útil para la mejora de las marcas en la natación de competición o si solamente es un medio de prevención de lesiones; al respecto los estudios recientes reportan resultados contradictorios, encontramos en los que no se encuentra correlación ni tampoco trasferencia positiva del entrenamiento en seco al rendimiento en las distintas distancias de competición (Johnson, et al 1993; Crowe, 1999; Breed, 2000; Shuji, 2002) mientras que otros estudios si encuentran correlaciones (Costill, 1982; Newton, 2007), aunque principalmente se descubrió una correlación entre el entrenamiento de fuerza en seco con la prueba de 25 yardas y de 25 metros, (no es distancia de competición en calendarios oficiales pero son principalmente usadas para mediciones y pruebas de laboratorio). Otros expertos recomiendan una combinación de ambas para obtener resultados de mejora en el rendimiento de la natación de competición (Rushall, 1999; Girold, 2007).

Una investigación realizada por Shuji (2002), intentó correlacionar y predecir el rendimiento de 11 nadadores de nivel de competición nacional donde se midió la potencia máxima de nado, seguida por la caída de la velocidad por cada uno de los 4 tramos de 25 metros que componen los 100 metros crol y por la potencia generada por brazos al simular la brazada de crol, medida con el dispositivo isocinético *Swimm bench*. Los autores concluyeron que la potencia de nado fue el más importante elemento para predecir el rendimiento en 100 metros crol seguido por la caída de la velocidad por tramo y finalmente por la medición de potencia en banco isocinético, planteando como recomendación prioritaria, el entrenamiento de la potencia máxima de nado (Shuji, 2002).

La potencia muscular está condicionada por la fuerza y su manifestación en el menor tiempo posible (Bompa, 2000). La potencia muscular generada por la acción de los brazos en natación ha sido estudiada y queda de manifiesto su alta correlación, primordialmente en las pruebas de velocidad (Costil, 1983; Maglischo et al. 1985; Counsilman, 1994) sin embargo los estudios que intentan correlacionar la potencia muscular medida en banco isocinético y los resultados de los nadadores de nivel internacional no son concluyentes y en algunos de sus casos incluso son contradictorios coincidiendo principalmente en que al parecer es la capacidad del nadador para aplicar esa potencia muscular y no su medición en seco la posible diferencia en los resultados observados; es decir que la habilidad y pericia del nadador para manifestar esta potencia muscular en rendimiento deportivo de velocidad es el factor determinante en la natación de alto nivel. Por su parte otros estudios afirman que la mecánica y técnica de la brazada es un factor de prestación deportiva determinante para la consecución de los logros deportivos en natación de velocidad (Tanaka y Swensen 1998).

2.2. El volumen de entrenamiento en la natación.

Es importante considerar que en la actualidad los volúmenes de entrenamiento que alcanza un nadador no permiten aumentar este aspecto de la carga, ya que como afirmó Verjhoshansky, (2004): "El volumen de instrucción y cargas lograron el límite de la sensatez. Hoy los atletas profesionales entrenan aproximadamente 8 horas por día, 2-4 veces durante el día, cerca a 1.700 horas por año. Es bastante imposible imaginar más aumento de volumen de carga. Debemos buscar modelos que aseguren un uso muy racional de las cargas del entrenamiento sobre el ciclo anual".

Aunque la mayoría de las distancias competitivas en la natación no se considerarían como eventos exclusivos de la clasificación de resistencia, algunos nadadores de elite realizan enormes distancias y volúmenes de entrenamiento. Estos altos volúmenes de entrenamiento han sido fuertemente cuestionados desde la perspectiva de la eficacia del entrenamiento; que critica los altos volúmenes de trabajo carentes de especificidad y transferencia positiva a las pruebas y marcas de competición (Hannula y Thornton, et al 2007).

En atención a estas críticas a los altos volúmenes de entrenamiento se presenta la perspectiva de que las mejoras en el rendimiento competitivo deben ir orientadas al incremento de la intensidad en las cargas de trabajo, manteniendo los volúmenes de entrenamiento o incluso disminuyéndolos: "Hoy la tendencia de aumentar la intensidad del trabajo y la instrucción para aumentar la eficacia del proceso de la instrucción, especialmente para el atleta de alto rendimiento es lo más conveniente y debe ser utilizado con mucho cuidado según el requisito de atletas, el nivel de su preparación y el calendario de competiciones Hay muchos medios efectivos ya descubiertos. La mejor manera de mejorar los resultados proviene del correcto uso del método y sistema" (Verjhoshansky, 2004). El entrenamiento específico de la natación en distancias de 50, 100 y 200 metros en cualquiera de los diferentes estilos es propicio y adecuado para ser realizado con cargas intensas y volúmenes moderados y acordes a la prueba de competición de cada nadador (Platonov y Bulatova, 2004; Verjhoshansky, 2004; Navarro, 2004; Weineck, 2005; Newton, 2007; González-Ravé, et al 2009).

2.3. Entrenamiento asistido y resistido en la natación.

En relación a los métodos utilizados para el entrenamiento específico de la velocidad en natación, algunos de estos han sido el entrenamiento asistido y resistido (Maglischo, et al 1985; Dopsaj, 2000; Schnitzler, et al 2002; Shuji, et al 2002; Patnott, 2003; Llana, et al 2003; Morrison, 2005; Hannula y Thornton, et al 2007; Judez et al 2007; Navarro 2007; Girold, et al 2006; 2007; 2008; González, et al 2009; Wright et al 2009) tradicionalmente se ha integrado al entrenamiento de la natación resistida: gomas elásticas, nado con ropas y accesorios, nado con paracaídas, y recientemente el denominado *Power rack y Tower rack*. La ventaja de estos últimos es que permite cuantificar la carga desplazada, la distancia y además el tiempo requerido para ello y con esto establecer comparaciones entre distintas fechas de evaluación y que además como resultado de estas evaluaciones se puedan establecer cargas de entrenamiento diseñadas para el desarrollo, entrenamiento y además la oportunidad de profundizar en el estudio de este sistema de medición y entrenamiento.

Recientes y novedosos estudios han reportado que 6 semanas de entrenamiento de nado resistido con estos dispositivos provocaron una mejora de rendimiento de casi 2 segundos en 100 metros (Morrison, 2005); otro estudio reportó que tan solo 5 semanas de trabajo usando este dispositivo observó importantes ganancias en potencia muscular y eficacia de nado (Wright, et al 2009) esto de algún modo refuerza el planteamiento del principio de especificidad que refiere a que el organismo humano reacciona a los medios de entrenamiento predominantes de su especialidad; y que a mayor nivel competitivo del nadador, más valida y necesaria será la preparación en el medio en que ha de resolver la competición (Bompa, 2000; Verjhoshansky, 2004; Navarro, 2004; Weineck, 2005; Hannula y Thornton, et al 2007).

Podríamos aseverar que aunque son controvertidas las opiniones acerca del entrenamiento de fuerza, la mayoría de los autores estudiados concuerdan en la necesidad de integrar programas de entrenamiento específico de fuerza y potencia en la natación competitiva (Maglischo, et al 1985; Tanaka et al. 1993; Tanaka y Swensen 1998; Dopsaj, 2000; Bompa, 2000; Schnitzler, et al 2002; Shuji, et al 2002; Patnott, 2003; Llana, et al 2003; Morrison, 2005; Hannula y Thornton, et al 2007; Judez et al 2007; Navarro 2007; Girold, et al 2006; 2007; 2008; González, et al 2009; Wright et al 2009).. Y aunque los estudios con relación al entrenamiento resistido reportan atractivos resultados desde la perspectiva de mejoras de las marcas de competición; es evidente la necesidad de ahondar en el estudio y posibilidades que ofrece este tipo de entrenamientos.

2.4. Planteamiento de la investigación.

Actualmente en España, en la Facultad de Ciencias del Deporte de Toledo, se cuenta con el modulo acuático y Laboratorio de Entrenamiento Deportivo, en donde se valora entre otras modalidades competitivas el rendimiento especifico de natación a través del test LED (Laboratorio de Entrenamiento Deportivo) de potencia especifica de nado mediante el uso de un dispositivo que asemeja las características del *Power rack* mediante un sistema de poleas a las que se les añade placas de pesos específicos con la finalidad de medir el tiempo que el nadador requiere para movilizar determinadas cargas en una distancia de aproximadamente 10 metros y del cual mediante un conjunto de fotocélulas detecta y registra el tiempo exacto requerido para la distancia de 7 metros del cual se obtiene las variables a estudiar en cuanto a carga, distancia y tiempo requerido y a partir de ello calcular la potencia que logra generar el nadador en distintas cargas y dentro del mismo test conocer la carga máxima de arrastre, la potencia máxima y su correlación con el rendimiento en las distintas pruebas de competición dentro del calendario oficial de natación (Navarro, 2004; Judez et al 2007; González-Ravé, et al 2009).

Con esta metodología de estudio y trabajo se logra medir en las mismas condiciones de competición las variables de potencia máxima de nado y carga máxima de arrastre; así como conocer con certeza las placas y pesos correspondientes a estas variables y a partir de ello poder prescribir y cuantificar el porcentaje de carga que ha de movilizar en cada sesión de entrenamiento el nadador y con ello acercarnos a una más precisa organización individual del entrenamiento de la natación.

Este sistema de evaluación se ha aplicado en numerosas ocasiones a los integrantes de las distintas selecciones regionales de la Federación de Castilla la Mancha y en concentraciones nacionales de junior e infantiles de la Real Federación Española de Natación (Navarro et al. 2007; González, et al 2009) y del mismo se ha propuesto la posibilidad no solo de evaluar sino de además poder sugerir cargas optimas de entrenamiento resistido para las distintas necesidades de las especialidades de la natación de competición.

Verjhoshansky, (2004) afirmó en cuanto al efecto del entrenamiento especifico de la fuerza y potencia muscular con uso de sobrecarga, que los grupos de trabajo que reportan mayores ganancias en el rendimiento son aquellos que alternan y emplean en sus entrenamientos cargas entre 30 al 90% de la carga máxima que es capaz de movilizar el atleta; seguidos de los grupos que trabajan con cargas entre el 70-90% de 1RM y que los grupos que obtienen un menor rendimiento son aquellos que trabajan con cargas entre el 30 y el 50% de 1RM.

El entrenamiento organizado de forma que alterne las cargas ha constituido una variante a los programas de organización de series lineales estandarizadas, que usan en las series un determinado número de repeticiones el mismo porcentaje de carga. A esta forma de entrenamiento incremental se le ha denominado de diversas formas pero la más usual ha sido la denominación de entrenamiento organizado en forma piramidal ascendente, si la carga se va incrementando en cada repetición, descendente si la carga inicia desde estándares más altos y va disminuyendo de serie en serie; y doble si cumple ambas trayectorias (figura 1.1).

Figura 1.1 ejemplo de organización piramidal

Al respecto de esta forma organización del entrenamiento los expertos coinciden en que "La pirámide plana es la mejor patrón de carga para conseguir beneficios de la fuerza máxima", (Bompa, 2000). Estos beneficios de este tipo de entrenamiento son compartidos también por Weineck (2005) que afirma como: "...Un entrenamiento piramidal de 4 semanas aporta una ganancia de fuerza mayor que un entrenamiento de musculación y de inervación intramuscular del mismo tiempo...".

2.5. Objetivos e hipótesis del estudio.

Con fundamento y considerando lo antes expuesto; el presente estudio tiene como propósito de investigación, estudiar y comparar las posibles ganancias en fuerza y potencia especifica de nado de 2 distintas formas de organización de la sesión de entrenamiento de nado resistido usando el dispositivo *Aquaforce*; confrontando un entrenamiento lineal estándar y uno de entrenamiento con cargas contrastadas más comúnmente denominadas como entrenamiento piramidal doble analizando las modificaciones producidas sobre la C.M.A., P.E.N., fuerza y potencia en banco isocinético, mejor marca de 50 metros crol y estilo principal.

Nuestra Hipótesis de estudio infiere que el entrenamiento resistido organizado de forma piramidal doble es más efectivo para el desarrollo de fuerza especifica de nado para nadadores velocistas de 50 metros estilo principal de competición.

Como objetivos secundarios del estudio nos proponemos:

a) Comparar las ganancias de fuerza especifica de nado de 2 distintos programas de organización del entrenamiento resistido.

b) Comprobar si estas presumibles ganancias de fuerza especifica de nado infieren en mejoras de las marcas de competición de 50 metros crol y 50 metros estilos.

3. METODOLOGÍA DE TRABAJO.

3.1. Descripción de la muestra.

Participaron en el presente estudio 16 nadadores de nivel nacional y regional (8 hombres y 8 mujeres) todos ellos con dictamen médico de saludables y con edades entre los 13 y 21 años y con historial en la práctica de la natación de por lo menos 3 años; pero sin ningún entrenamiento previo en el uso del dispositivo Aquafoce. El grupo estuvo constituido por 6 crolistas, 4 bracistas, 3 espaldistas y 3 mariposistas, las características antropométricas son presentadas en la tabla siguiente:

N=16	Mínimo	Máximo	Media	Desv. típ.
Edad	13.1	21	16.22	2.63
Altura	1.56	1.88	169.12	10.2
Peso	51.4	85.9	61.33	9.9

Tabla 3.1 Características antropométricas de la muestra.

3.2. Diseño de la investigación.

El diseño de la investigación es del tipo cuasi experimental basado en el paradigma de investigación cuantitativa que pretende analizar las respuestas de fuerza y potencia de nado posteriores a un periodo de 6 semanas de entrenamiento de natación resistida con el empleo del dispositivo *Aquaforce* utilizando dos metodologías de entrenamiento diferentes. Los participantes fueron conformados de manera aleatoria en 2 grupos para el estudio comparativo de 2 distintos programas de entrenamiento:

Grupo A   Entrenamiento organizado con cargas estándar
2 sesiones semanales (6 X 70% de la carga máxima de arrastre)
Grupo B   Entrenamiento organizado en forma piramidal doble
2 sesiones semanales (1 X 50 + 1 X 60 + 2 X 70 + 1 X 60 + 1 X 50% de la carga máxima de arrastre).

Se realizaron tres mediciones: una medición pre-test previa a la aplicación del tratamiento; una segunda medición intermedia que además sirvió de reajuste de las cargas de trabajo de cada participante y posterior a las tres últimas semanas de entrenamiento se realizó la tercer medición post-test.

3.3 Variables.

- Variables dependientes:

  Las variables objeto de estudio son:

  1. C.M.A.= Carga máxima de arrastre. (Kg). Consiste en el registro máximo de carga que el nadador puede movilizar y completar en un esfuerzo máximo de 10 metros. Esta variable expresa de forma directa la capacidad de fuerza máxima dinámica del nadador.
  2. P.E.N.= Potencia Especifica de Nado. (w). Es el registro máximo de potencia que es capaz de generar el nadador en la realización del test.
  3. Fsb. Fuerza medida en Newtons (N) en banco isocinético (swimm bench)
  4. $P_o sb$. Potencia medida en Watts (w) en banco isocinético (*swimm bench*)
  5. T. Tiempo en 50 M. estilo Crol medidos en segundos y centésimas de segundos
  6. T. Tiempo en 50 M. estilo principal de competición medidos en segundos y centésimas de segundos

- Variable independiente:

  La variable independiente está compuesta por los dos modelos de entrenamiento resistido de fuerza en natación.

  Como se ha descrito con anterioridad, los participantes de este estudio todos pertenecen al mismo equipo y federación de natación de la comunidad de Castilla la Mancha y realizaban los mismo entrenamientos en tiempo, horarios, y en volúmenes e intensidades de trabajo excepto cuando realizaban el entrenamiento resistido con el uso del dispositivo *aquaforce* en martes y jueves en que realizaban los entrenamientos específicos de sus respectivos grupos. En la tabla 3.2 se muestran los programas y fechas de evaluación.

Semanas y ejemplo de tareas	Lun.	Martes	Mie.	Jueves	Viernes
1		Familiarización		**PRE-TEST**	
S. 2 a la 4	AEL	*Power-Rack*	AEM	*Power-Rack*	PAL
AEL. (2 x 800 crol)		**GE.** (6X70% RM)		**GE.** (6X70% RM)	
AEM. (4 x 400 estilos)		**GP**.(1X50,1X60,2X70, 1X60, 1X50% MR)		**GP**.(1X50,1X60,2X70, 1X60, 1X50% MR)	
PAL. (12 x 10m.)salidas y virajes					
S. 5	AEL	Nado libre	Nado libre	**INTER-TEST**	PAL
S. 6 a la 8	AEL	*Power-Rack*	AEM	*Power-Rack*	PAL
		GE. (6X70% RM)		**GE.** (6X70% RM)	
		GP.(1X50,1X60,2X70, 1X60, 1X50% MR)		**GP**.(1X50,1X60,2X70, 1X60, 1X50% MR)	
S. 9		Nado libre		**POST-TEST**	

AEL – Entrenamiento para la mejora del Umbral Aeróbico; AEM – Entrenamiento para la mejora del Umbral Anaeróbico; PAL - Entrenamiento para la mejora de la Potencia Aláctica; GE – Grupo entrenamientos resistidos estándar; GP – Grupo de entrenamientos resistidos piramidal.

Tabla 3.2 distribución de entrenamientos y evaluaciones.

Como se observa en la tabla 3.2 los lunes el entrenador responsable del grupo realizaba sesiones destinadas al desarrollo y mantenimiento la resistencia aeróbica básica tan requerida para las distintas competiciones de natación.

Los martes y jueves se desarrollaron las sesiones con el empleo del dispositivo *aquaforce* 6 repeticiones del mejor estilo de competición para cada participante del estudio y en el régimen que le correspondía dependiendo del grupo al que quedara integrado A o B.

Antes de cada sesión de entrenamiento *aquaforce* los participantes realizaban un calentamiento en seco de 5 minutos de activación ligera y posteriormente realizaban en agua las siguientes tareas de calentamiento:

- 300 metros de nado libre
- 200 metros alternando estilo principal de competición y estilo de crol
- 2 x 25 metros de velocidad progresiva

Posterior al entrenamiento *aquaforce* los participantes concluían su entrenamiento con las siguientes tareas:

- 100 metros libres
- 2 x 25 metros a máxima intensidad, y al mejor estilo de competición
- 200 metros libres de recuperación final

Las sesiones de los días miércoles fueron destinadas al entrenamiento técnico de los estilos y entrenamiento aeróbico medio con la finalidad de promover una recuperación activa en los nadadores; de igual manera los días viernes fueron realizados entrenamientos programados para la mejora de las salidas y virajes de los estilos de competición.

Los entrenamientos de los lunes, miércoles y viernes se realizaban en las instalaciones sede del equipo de natación cedidas por el Ayuntamiento de Toledo, (España); requiriéndose que los entrenamientos de los martes y jueves se realizaran en la instalación deportiva del Módulo Acuático de la Universidad de Castilla la-Mancha para el control de la sesión de *aquafroce* por parte del investigador principal.

3.4. Recursos.

1. TECNOLÓGICOS:

Sistema de fotocélulas *Newtest* 300 – Series Powertimers (Newtest Oy, Oulu, Finlandia) y ordenador de mano Palm Zire con software Newtest PowerTimer (Newtest Oy, Oulu, Finlandia) (sensibilidad 0.001s) Se emplean 2 fotocélulas que son colocadas en el soporte lateral de dispositivo *aquaforce* con un metro de distancia entre cada una de ellas para registrar con completa precisión el tiempo correspondiente a la distancia de 7 metros de nado mediante la movilización del sistema de poleas y su anclaje al cinturón del nadador.

Dispositivo de medición de potencia concéntrica denominado *AQUAFORCE* diseñado y construido por la empresa TELJU S.A. España. Este dispositivo consiste en conjunto de placas de pesos que puede ser colocado al borde de la piscina. El nadador se sujeta a un cinturón o arnés conectado a la placa de pesos por un doble sistema de poleas que divide el peso en 7 cuerdas que tiran del peso a movilizar. Cuando el nadador se desplaza nadando a una velocidad determinada, las placas son elevadas mediante el sistema de poleas. La altura del recorrido limita la distancia que el nadador puede nadar que es aproximadamente 10 metros de los cuales el dispositivo *aquaforce* permite medir la potencia de nado, a partir del peso superado, y el tiempo necesario para cubrir la distancia de 1 metro entre fotocélulas y que equivalen a la distancia recorrida de 7 metros del nadador; quedando de este modo aislado el tiempo que toma al nadador romper con la inercia de inicio de nado y los últimos metros en que la fatiga acumulada por el esfuerzo ya considerable. Este sistema es registrado y observable a través de una calculadora de mano *Palm Zire* que señala en su pantalla directamente el tiempo empleado por el nadador para superar las diferentes cargas.

Maquina biocinética *Biometer Swimmbench* (Fahnemann, Alemania) con 9 niveles de resistencia que mide la fuerza de las extremidades superiores en simulación de la brazada de crol (alternativamente) o mariposa (Simultanea) en posición prona sobre un banco acolchonado; el dispositivo has sido diseñado con un par de palas de nado que a su vez van unidas a una cuerda cada una de ellas. Las cuerdas son recogidas en el interior del dispositivo por un carrete de polea de resistencia isocinética que proporciona un ajuste de aceleración de 9 niveles y en el cual el nivel 1 proporciona una aceleración de 1,44 m/s2 y el nivel 9 ejerce una aceleración de 3.07 m/s2.

Tallímetro SECA; modelo 720, Vogel & Halke, Alemania.

Tres Cronómetros manuales de marca Geonaute Trt´L 900, China.

2. HUMANOS:

Además del investigador responsable de este estudio, se precisó de la colaboración de los expertos que a continuación se enumeran:

1. Colaborador responsable de la medición y anotación de los registros de tiempo y datos de cada una de las pruebas integrantes de los distintos test, estudiante de grado de Ciencias del Deporte.
3. Cronometristas expertos en la medición de tiempos de competición de natación, certificados como entrenadores superiores de natación por la Real Federación Española de Natación y con más de 10 años de experiencia.

3. INSTALACIONES:

Piscina Semi-olímpica de competición de 25 metros y 6 calles de 2.07m de ancho cada una y piscina de vaso de baja profundidad del Modulo Acuático y Laboratorio de Rendimiento Deportivo de la universidad de castilla la Mancha campus Toledo.

3.5 Tests empleados.

En la primera de las tomas de datos se realizó previo al programa del estudio la medición descriptiva de cada uno de los participante en cuanto a edad, talla y peso, posterior a ello en este estudio se aplicó una batería de pruebas integrada por 3 distintos test por sesión que siguieron el orden y aplicación que a continuación se describe:

Test de Banco Isocinético *Swimmbench*. Siguiendo las recomendaciones de la bibliografía consultada (Isern, 1998; Cuadrado, 2004). Para este estudio se propuso el siguiente test

a) Los participantes realizaron un calentamiento consistente en 5 minutos de carrera continua ligera y posteriormente 5 minutos más estiramientos y movimientos de calentamiento para extremidades superiores

b) Cada uno de los participantes realizara una brazada simultánea (mariposa) en cada uno de los 9 niveles de resistencia con que cuenta el banco. Reiterando que la resistencia número 9 es el que ofrece menor resistencia y mayor velocidad y la resistencia número 1 es la que ofrece mayor resistencia y menor velocidad.

c) Una vez detectada la resistencia en que el participante realiza el mejor registro de Potencia descansa entre 3 y 5 minutos para repetir un par de intentos mas con un descanso de 1 minuto entre cada intento y se registra el mejor dato realizado.

Test LED de Fuerza Específica de Nado. Con este test de nado resistido se realizó una valoración de la potencia máxima de los participantes, midiéndose las siguientes variables: potencia máxima realizada en el test, la potencia máxima ajustada a la curva basándose en la tendencia o regresión de los datos, y la carga máxima de arrastre. (Navarro et al. 2007; González, et al 2009), el protocolo para la aplicación del Test LED de Fuerza Específica de Nado se especifica a continuación:

a) Mientras el nadador se fija el arnés a la cintura, se ajusta la carga de arrastre en el conjunto de placas, empezando por el valor mínimo que son 15 Kg.

b) A la voz de preparados, el nadador se sitúa en posición extendida frontal, con los pies extendidos próximos al borde, y tensando el cable de la polea sin que se llegue a elevar la placa de peso que previamente ya se ha ajustado.

c) A la voz ejecutiva de ¡ya!, el nadador comienza a nadar imprimiendo la máxima velocidad posible durante un recorrido de 12 m (ancho de la piscina de baja profundidad), sin producir impulso desde la pared. Una primera célula fotoeléctrica inicia la cuenta del tiempo cuando un pivote situado en el soporte de las placas rompe el haz de rayos que emite. La colocación de esta célula está fijada en el punto en que el nadador ya llevaría recorridos 3.5 metros y habría vencido la inercia inicial.

d) El nadador completa un sprint de 12 metros, hasta el punto en que el dispositivo bloquea el avance de las placas de pesos. Sin embargo, la segunda célula fotoeléctrica finaliza la cuenta del tiempo una vez que el pivote corta el haz de rayos en 10.5 metros de recorrido del nadador. Así pues, el tiempo medido a la máxima velocidad corresponde a una distancia de nado lanzado de 7 metros.

f) El nadador descansa entre 3-5 minutos y vuelve a repetir el procedimiento, desde el apartado a) con una carga de arrastre superior, hasta no ser capaz de completar la distancia de 12.5 m con una carga determinada (Figura 3.9). Se entenderá como carga máxima de arrastre, la mayor carga elevada en un sprint de 12 metros. El incremento de la carga se realiza de tal forma de que al menos se hagan un mínimo de cinco sprints y un máximo de 10.

3.6. Procedimientos.

Una vez conformada la muestra (N=16) todos los participantes fueron informados de los objetivos de investigación del estudio así como de la temporalidad del mismo y procedimientos. Posterior a esta información se les conminó a firmar el consentimiento voluntario requerido para este tipo de estudios experimentales y para su participación en los diferentes test confirmadas las participaciones de los nadadores se realizó una selección aleatoria para designar los integrantes de cada uno de los grupos, y cuando alguno de los grupos quedo integrado por cuatro participantes del mismo género los que aun no habían sido asignados quedaban integrados en el otro grupo de estudio.

Compiladas las autorizaciones de los participantes en el experimental se solicitaron los permisos pertinentes a la Universidad de Castilla la Mancha campus Toledo para la utilización de materiales e instalaciones necesarias para complementar la información propuesta por este estudio en fechas y tiempos requeridos para el mismo. La comisión de ética de la universidad de

Castilla-la Mancha autorizó la investigación y con ello se complementaron los requerimientos del acuerdo de Helsinki.

Se conformaron de manera aleatoria 2 grupos de entrenamiento (4 mujeres y 4 hombres en cada grupo) quedando integrados:

Grupo A Entrenamiento con cargas Estándar
Grupo B Entrenamiento con cargas Piramidal

Al finalizar las primeras 3 semanas de entrenamiento se realizó un microciclo de descarga con la finalidad de facilitar a los participantes una semana de recuperación y se reajustaron las cargas de trabajo en *aquaforce* a ambos grupos en los casos que así fue requerido el orden de trabajo para esta semana consistió en mantener las tareas designadas para ambos grupos y el día martes de entrenamiento de *aquaforce* los grupos realizaban una sesión de nado libre de 1200 metros en régimen regenerativo. El día jueves fueron nuevamente evaluados en la 2ª toma o inter-test.

Al finalizar las últimas 3 semanas propuestas por este estudio se realizó la última aplicación de la batería de pruebas con la finalidad de completar los datos de comparación motivo de este estudio

El total de aplicaciones de la batería de prueba fueron de 3:

- Previa al estudio (Pre-test)
- Intermedia y de reajuste (Inter-test)
- Evaluación final y posterior al periodo de entrenamiento (Post-test)

El total de las sesiones de entrenamiento fueron 12 distribuidas en 6 semanas:

- 6 sesiones iniciales
- 6 sesiones finales

La temporalidad total del estudio requirió de 10 semanas desde la sesión informativa, solicitudes y test previo hasta la toma final de datos (Post-test).

3.7. Análisis estadístico.

Los datos obtenidos en esta investigación han sido analizados con el programa estadístico SPSS 17.0. Primero se determinó la normalidad de la muestra con la prueba de Shapiro Wilks. Para la única variable no paramétrica, CMA, se realizó una prueba de Friedman y para las variables paramétricas se realizo una ANOVA de medidas repetidas con post hoc de Bonferroni para las distintas evaluaciones pre-test, inter-test y post-test Para todas las comparaciones se aceptó el índice de significación de $p<0.05$.

4 RESULTADOS.

4.1. Carga máxima de arrastre (cma).

La figura 4.1. refleja los resultados de las 3 mediciones de control de la Carga Máxima de arrastre y donde se puede apreciar el comportamiento de esta variable de estudio durante las diferentes mediciones.

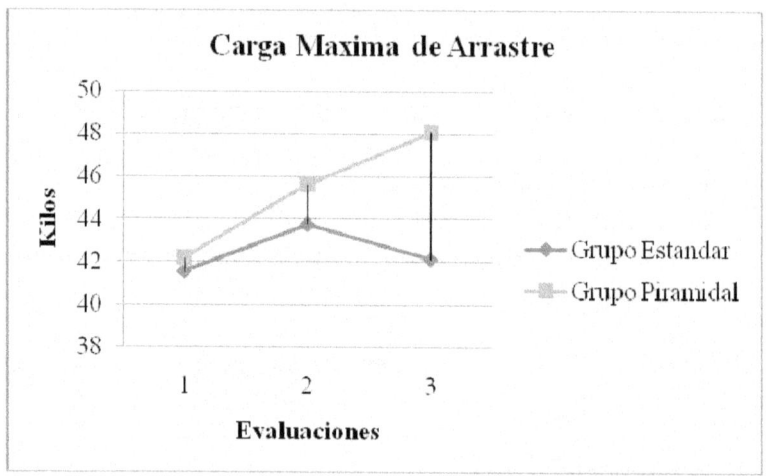

Figura 4.1. CMA.

Como se puede comprobar el grupo de cargas estándar mejoró un 5,05% entre la medición pre-test e inter-test, mientras que se produjo un decrecimiento en la carga máxima de arrastre de un 3,72% entre la medición inter-test y la medición post-test.

En lo concerniente al grupo de cargas piramidales los cambios se registraron en mejorías de carga máxima de arrastre de 8,14% entre las mediciones pre-test e inter-test y una nueva mejoría se puede observar de un 5,34% entre la medición inter-test y la medición post-test.

Los resultados muestran como no existen diferencias significativas en el Grupo de cargas estandarizadas entre las tres mediciones, por lo tanto no se han producido mejoras significativas tras la utilización de este método de trabajo.

4.2. Potencia específica de nado (pen).

La figura 4.2 muestra el comportamiento de los resultados obtenidos de la medición de esta variable PEN.

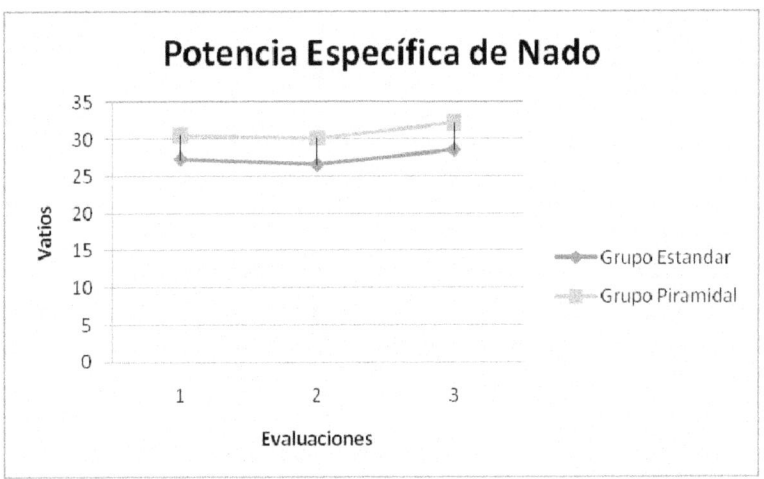

Figura 4.2. PEN.

En el grupo de cargas estándar se registro un decrecimiento de 2.83% entre las mediciones pre-test e inter-test. Posteriormente y entre las evaluaciones inter-test y post-test reflejan una mejoría de 7.55%.

En el grupo de cargas piramidales se refleja un una caída de 0.41% entre las mediciones pre-test e inter-test y posteriormente se registra un incremento del 6.64% entre las mediciones inter-test y post-test

El ANOVA de medidas repetidas muestra como no existen diferencias significativas entre las tres mediciones sin considerar el grupo, ni entre éstas considerando el factor grupo, por tanto no se han producido mejoras significativas tras la utilización de los dos métodos de entrenamiento.

4.3. Fuerza medida en banco isocinético (*fsb*).

La figura 4.3 muestra el resultado de las evaluaciones registradas para la fuerza medida en este instrumento.

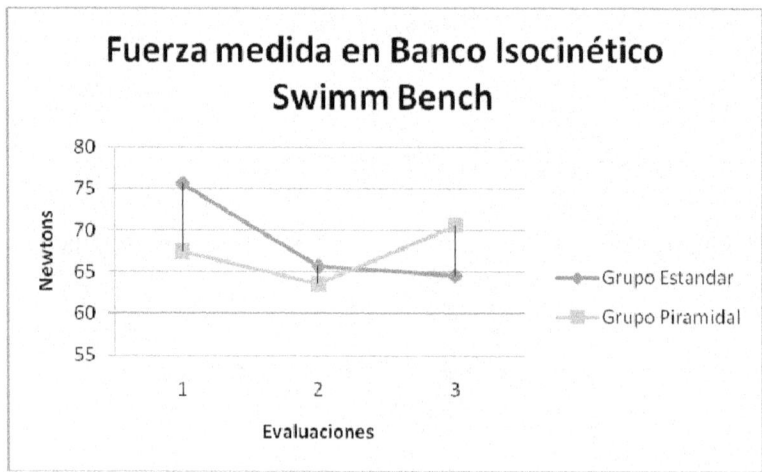

Figura 4.3. Fsb.

El grupo de cargas estándar refleja una caída en los registros de medición de un 15.02% entre la evaluación pre-test e inter-test. Entre las evaluaciones inter-test y post-test refleja un nuevo retroceso de un 1.7% para la fuerza medida en banco isocinético

En el caso del grupo de cargas piramidales, entre las mediciones pre-test e inter-test se observa un decrecimiento de 6.01% pero el registro de evaluaciones entre las mediciones inter-test y post-test dan como resultado una mejoría de 10.78% para la fuerza medida en banco isocinético

El ANOVA de medidas repetidas muestra como no existen diferencias significativas entre las tres mediciones sin considerar el grupo, ni entre éstas considerando el factor grupo, por tanto no se han producido diferencias significativas en la medición de esta variable tras la utilización de los dos métodos de entrenamiento.

4.4. Potencia medida en banco isocinético ($p_o sb$).

La figura 4.4 muestra los resultados de las tres evaluaciones de potencia en este instrumento.

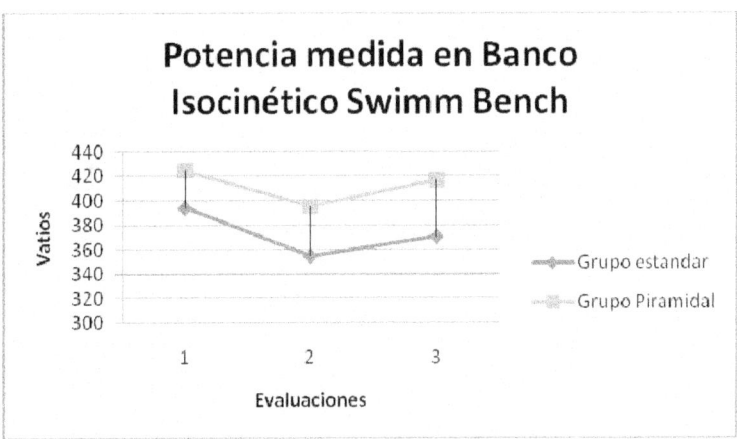

Figura 4.4. Posb.

El resultado de las evaluaciones pre-test e inter-test del Grupo de cargas estandar reflejan un decrecimiento de 11.14% y una posterior mejoría de un 4.51 entre la medición inter-test y post-test.

En el grupo de cargas piramidal se observa un inicial decrecimiento de 7.5% entre el pre-test y post-test para posteriormente registrar una mejoría de 5.51% entre las evaluaciones inter-test y post-test.

El ANOVA de medidas repetidas muestra que no existen diferencias significativas entre las tres mediciones sin considerar el entrenamiento, ni entre éstas considerando el factor grupo, por tanto no se han producido diferencias significativas en la medición de esta variable tras la utilización de los dos métodos de entrenamiento

4.5. Tiempo de nado de 50 m. Libres (t50l.).

La figura 4.5 muestra los resultados de evaluación de esta variable.

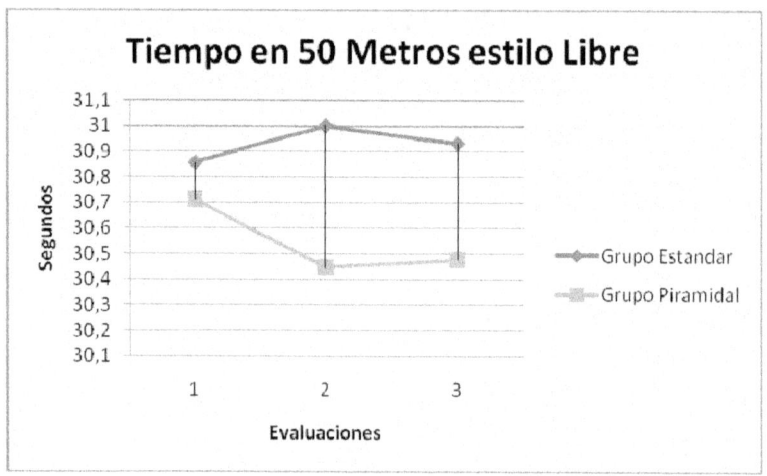

Figura 4.5. T.50L.

El resultado de los datos descriptivos reflejan que el grupo de cargas estandar empeora sus tiempos de estilo libre en un 0.47% entre el pre-test e inter-test y posteriormente refleja una mejoría de 0.23% entre las evaluaciones inter-test y post-test.

En contraste el grupo B mejora sus marcas en un 0.88% entre las evaluaciones pre-test e inter-test y posteriormente registra un empeoramiento del 0.10 % en los registros de tiempos entre inter-test y post-test.

El ANOVA de medidas repetidas muestra que no existen diferencias significativas entre las tres mediciones sin considerar el entrenamiento, ni entre éstas considerando el factor grupo, por tanto no se han producido diferencias significativas en la medición de esta variable tras la utilización de los dos métodos de entrenamiento.

4.6. Tiempo de nado de 50 metros estilo principal de competición (t.50e).

A continuación se presentan en la figura 4.6 los datos de los registros de las evaluaciones de tiempo en los 50 metros nadados a estilo principal de cada participante del estudio.

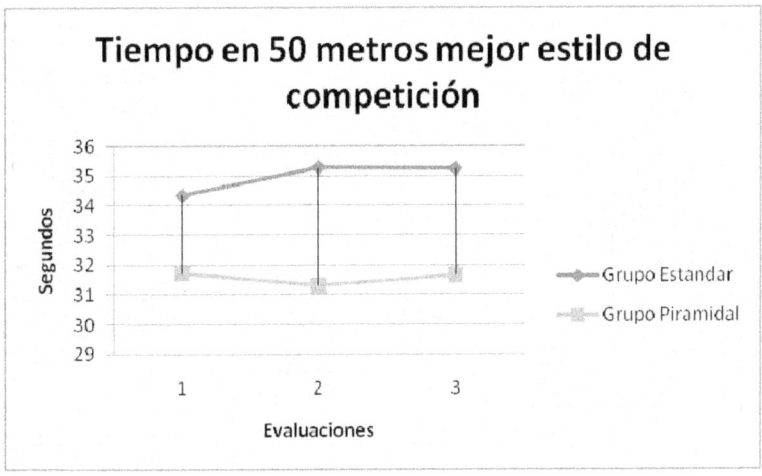

Figura 4.6. T.50E.

Conforme a los resultados expuestos se puede observar que el grupo de cargas estándar empeoró los tiempos de registro entre el pre-test e inter-test en un 2.72% y posteriormente se registra una mejora de 0.12% entre las evaluaciones inter-test y post-test.

En su caso el grupo de cargas piramidal, se registra una mejora de 1.28% entre las evaluaciones pre-test y post-test y posteriormente registra un decrecimiento de 1.13 % entre las evaluaciones inter-test y post-test.

Se puede observar que en el caso de la medición de tiempo para la prueba de 50 metros estilo principal de competición; El ANOVA de medidas repetidas muestra que si existen diferencias significativas para las mediciones registradas para esta variable de estudio.

Los datos completos de esta investigación se compilan y expresan en la tabla 2. Se puede ver como los valores de CMA y Tiempo para 50 metros estilos, reflejan aumentos de mejora significativa (*p<0.05) no así en los casos de las variables de Potencia específica de nado, Fuerza y potencia medidas en *swimm bench* (F_{sb} y P_osb) y tiempo para los 50 metros crol.

Tabla 2. Resultados de las variables de estudio por grupo.

Parámetro	Grupo	Pre-test	Inter-test	Post-test	% Cambio Pre -Inter	% Cambio Inter Post	% Cambio Pre-Post
CMA. (Kg.)	Estándar	41.54±	43.75±	42.12±	5.05	-3.72	1.33
	Piramidal	42.18±	45.62±	48.06±	8.14	5.34	13.48*
PEN. (w)	Estándar	273±	265±	285±	-2.83	7.55	5
	Piramidal	303±	301±	321±	-0.41	6.64	6
Fsb. (N).	Estándar	756±	658±	646±	-15.02	-1.7	-16
	Piramidal	675±	636±	706±	-6.01	10.78	5
P_osb. (w)	Estándar	394.12±	354.62±	370.62±	-11.14	4.51	-2
	Piramidal	424.62±	395±	416.75±	-7.5	5.51	-2
T.50L. (s)	Estándar.	30.85±	31±	30.93±	-0.47	0.23	0
	Piramidal	30.71±	30.44±	30.47±	0.88	-0.1	1
T.50E. (s)	Estándar	34.34±	35.27±	35.23±	-2.72	0.12	-2
	Piramidal	31.7±	31.3±	31.6±	1.28	-1.13	0*

*p<0.05 Carga máxima de Arrastre CMA. Tiempo para 50 metros estilo T.50m.E.

5. DISCUSIÓN

CARGA MÁXIMA DE ARRASTRE

Los resultados muestran como el GE tras 6 semanas de entrenamiento, no presentó diferencias significativas en la CMA. Sin embargo el GP si mostró un aumento significativo de la CMA (p<0.05). Este es el primer estudio que compara 2 diferentes organizaciones del entrenamiento resistido en la natación de velocidad, y donde los resultados coinciden con las afirmaciones de Verkhoshansky, (2004) y Bompa (2000), ya que la organización con cargas piramidales resultó más efectivas que la organización de cargas estándares. Una de las posibles razones de estas mejora es que el entrenamiento piramidal produce adaptaciones tanto por vía de hipertrofia como de coordinación intermuscular (Weineck, 2005) sin embargo como veremos a continuación las mejoras de fuerza en su expresión de carga máxima de arrastre no reflejaron mejorías en las variables de potencia y velocidad.

POTENCIA ESPECÍFICA DE NADO

Relativo a la potencia específica de nado los resultados de este estudio reflejan que no se registran diferencias significativas ($p<0.05$) Estos resultados difieren del estudio de Wright et al (2009), posiblemente debido a que este autor establece como punto de referencia de trabajo el pico de potencia especifica de nado a diferencia de este estudio, en el cual la organización del trabajo ha teniendo como punto de referencia los porcentajes de la carga máxima de arrastre. Si comparamos los resultados obtenidos en esta investigación con el estudio de Patnott et al. (2003) vemos como son superiores, ya que este autor monitorizo un descenso de un 9% en la PEN, esto puede ser debido a que los sujetos participantes en este trabajo difieren en características y experiencia a los nadadores universitarios del estudio de Patnott.

Por su parte Stegeman plantea que el pico de potencia se alcanza cuando los músculos son contraídos a la proximidad del 40% de la fuerza absoluta; y que por tanto al mejorar la fuerza absoluta se alcanzarían valores mayores de pico de potencia. Por lo tanto, al mejorar el pico de potencia que estaría cercano al 40% de la fuerza absoluta, por consecuencia se mejoraría la velocidad sin aplicación de resistencia alguna (Stegeman, 1981) lo que es lo mismo que la fuerza absoluta infiere mejoras en la potencia, y la potencia mejoraría consecuentemente la velocidad. La evidencia demostrada por este estudio refleja que el entrenamiento resistido con cargas altas en cualquiera de los dos casos de organización piramidal o estándar, mejora las manifestaciones de fuerza pero no así las de potencia específica de nado ni la velocidad en 50 metros.

FUERZA Y POTENCIA MUSCULAR MEDIDA EN SWIMM BENCH

En relación a las mediciones de fuerza y potencia muscular realizadas en banco isocinético, no se observan diferencias significativas en ninguna de las mediciones realizadas en este estudio a pesar de las ganancias de fuerza registradas por ambos grupos en su manifestación de carga máxima de arrastre. Estos resultados pueden ser debidos a que no existe ninguna fase isocinética en la brazada de nado, por lo tanto los entrenamientos realizados no han desarrollado esta manifestación de fuerza isocinética en ninguna de las sesiones realizadas coincidiendo con el estudio de Bulgakova (1987) en el cual se mostro como un entrenamiento en el banco isocinético swimm bench afecto negativamente el rendimiento de los sujetos. Los resultados obtenidos estarían en contraposición a las correlaciones obtenidas por Costil, (1983), Maglischo et al. (1985) y Counsilman (1994) entre la fuerza y potencia medida en banco isocinético y el rendimiento en 25 metros de nado.

TIEMPO PARA 50 METROS CROL Y ESTILO PRINCIPAL DE COMPETICIÓN

Referente a las variables de medición de los 50 metros estilo libre y 50 metros estilo principal de competición, la bibliografía revisada afirma que más del 80% del rendimiento en 50 metros crol se produce como resultado de la capacidad de los nadadores para manifestar una mayor potencia de nado (Costill, et al 1982; Maglischo, et al 1985; Dopsaj, 2000; Patnott, Post, y Northius, 2003; Newton, 2007). Sin embargo destacamos que los resultados en cuanto a las influencias que la carga máxima de arrastre pudiera haber tenido sobre las marcas de competición de los 50 metros estilos se vieron afectadas principalmente por empeoramientos de las marcas por parte del grupo Estándar y no por mejoras significativas del grupo Piramidal.

Este estudio difiere en cuanto a los resultados reportados por Smirniotou et al (2009) en el cual los participantes que realizaron entrenamiento resistido durante cuatro semanas mejoraron ambas variables: la velocidad y fuerza. Consideramos que estas diferencias se presentaron debido a que los grupos del presente estudio fueron conformados con nadadores noveles con tres años de práctica en la natación competitiva, pero sin previa experiencia en el entrenamiento con un dispositivo de frenado como el empleado en este estudio y por tanto conocemos poco en lo referente a qué tipo de resultados podrían observarse con nadadores mayormente calificados y con experiencia en nado resistido. Al respecto se sugieren más investigaciones con distintos niveles de experiencia.

La implicación principal de este estudio infiere de manera notable que la única variable que resulto significativamente mejorada fue la fuerza máxima manifiesta en carga máxima de arrastre, coincidiendo con los estudios de Dopsaj, 2000; Schnitzler, et al 2002; Shuji, et al 2002; Patnott, 2003; Morrison, 2005; Girold, et al 2006; 2007; 2008; González, et al 2009; Wright et al 2009.

Por otra parte las limitaciones de este estudio no permitieron estudiar los resultados que el entrenamiento resistido podría resultar posterior al término de la temporalidad del mismo en la fase de sobrecompensación y que podría haber resultado en mejoras en las marcas de velocidad de nado. Futuras investigaciones en este campo del entrenamiento pueden estudiar el resultado de este tipo de entrenamientos a los 15 y 21 días de concluido al entrenamiento resistido para complementar el periodo de la presumible transformación de fuerza en potencia y velocidad.

6. CONCLUSIONES.

Después de los resultados obtenidos en este estudio podemos concluir que el entrenamiento resistido de natación organizado en forma piramidal doble es más efectivo para el desarrollo de la fuerza, que el entrenamiento resistido organizado en forma de cargas lineales estándar. Y que aunque ambos grupos mejoraron la fuerza especifica de nado medida en el dispositivo *power-rack* no mejoraron el rendimiento en el tiempo de 50 m. libres ni en los 50 metros estilo principal de competición.

7. BIBLIOGRAFÍA.

- Bulgakova, N. Z., Vorontsov, A. R., & Fomichenko, T. G. (1987). Improving the technical preparedness of young swimmers by using strength training. Theory and Practice of Physical Culture, 7, 31-33.
- Blazevich, AJ. and Jenkins, DG. (2002) Effect of the movement speed of resistance training on sprint and strength performance in concurrently training elite junior sprinters. J. Sports Sci. 20: 981–990.
- Bompa, T. (2000) Periodización del Entrenamiento Deportivo, Barcelona: Paidotribo.
- Costill, D., Douglas, S., Holdren, A., and Hargreaves, M. (1983): "Sprint speed vs. swimming power. Swimming Technique. 20, 20-22.
- Counsilman, J. y Counsilman, B. (1994): The new science of swimming, New Jersey: Prentice Hall.
- Coutts, A.J., A. Murphy, and B.J. Dascombe.(2004) Effect of direct supervisión of a strength coach on measures of muscular strength and power in young rugby league players. J. Strength Cond. Res. 18:316–323.
- Crowe, S. E., Babington, J. P., Tanner, D. A., & Stager, J. M. (1999). The relationship of strength and dry land power, swimming power, and swim performance. Medicine and Science in Sports and Exercise. 31(5), Supplement abstract 1230.
- Dopsaj, M. (2000): "Reliability of basic mechanic characteristics of pulling force and-kinematic indicators of crawl technique measured by the method of tethered swimming with maximum intensity of 10s." Physical Culture, 54(1-4): 35-45, Belgrade.
- García-Manso, J.M. (1999): La fuerza. Madrid: Gymnos, editorial deportiva.
  Girold, S., Camels, P., Maurin, D., Milhau, N. and Chatard, J.C. (2006) Assited and resisted sprint training in swimming. Journal of Strength and Conditioning Research. 20(3) 547-554.
- Girold, S., Camels, P., Maurin, D., Milhau, N. and Chatard, J.C. (2007): Effects of dry-land vs. resisted and assisted sprint exercise on swimming sprint performance. Journal of Strength and Conditioning Research. 21(2), 599-605.

- González-Ravé, J.M., Juárez, D., García J.M., Navarro, F. (2007) Eficacia de la periodización del entrenamiento sobre la potencia máxima. Archivos de medicina del deporte. Volumen XXIV número 119-2007 pp. 179-186.
- González-Ravé, J.M. (2009): El proyecto EVANAT. Protocolo de fuerza especifica de nado". IX Congreso Deporte y Escuela (Actas) 281-294.
- Luecke, T., Wendeln, H., Campos, G. R., Hagerman, F. C., Hikida, R. S., & Staron, R. S. (1998). The effects of three different resistance training programs on cardiorespiratory function. Medicine and Science in Sports and Exercise, 30(5), Supplement abstract 1125.
- Maglischo, E. W., Maglischo, C. W., Zier, D. J., & Santos, T. R. (1985). The effects of sprint-assisted and sprint-resisted swimming on stroke mechanics. Journal of Swimming Research, 1, 27-33.
- Murphy, E. and Schwarzkopf, R. (1992) Effects of Standard Set and Circuit Weight Training on Excess Post-exercise Oxygen Consumption. Journal of Strength & Conditioning Research. 6(2):88-91.
- Navarro, F., Oca, A. y Castañon, J. (2003): El entrenamiento del nadador joven. Madrid: editorial Gymnos.
- Navarro, F. (2004) Entrenamiento adaptado a los jóvenes. Revista de Educación Universidad de Castilla-la Mancha. 335, 61-80.
- Navarro, F. (2007) Una nueva propuesta para la mejora de la fuerza especifica de nado. Natación y Actividades Acuáticas. Marfil. Valencia. 145-155.
- Patnott, J. R., Post, K., & Northius, M. E. (2003). Muscular power changes in collegiate swimmers. Medicine and Science in Sports and Exercise, 35(5), Supplement abstract 1454.
- Sharp, R.; Troup, J. and Costill, D. (1982) Relationship between power and sprint freestyle swimming. Medicine & Science in Sports & Exercise. 14(1):53-56,
- Smirniotou, A., Martinopoulou, K., Argeitaki, P., Paradisis, G., & Katsikas, C. (2009). The effects of resisted training using a parachute on sprint performance. A paper presented at the 14th Annual Congress of the European College of Sport Science, Oslo, Norway, June 24-27.
- Swaine, I., Reilly, T. (1983). The Freely-Chosen Swimming Stroke Rate in a Maximal Swim and on a Biokinetic Swim Bench. Med. and Sci. in Sports Exercise.5, 370-375.
- Szymanski, DJ, DeRenne, C, and Spaniol, FJ. (2009) Contributing factors for increased bat swing velocity. J Strength Cond Res 23(4): 1338–1352,
- Verjoshansky, L. (1990) Entrenamiento Deportivo. Planificación y Programación. Barcelona: editorial Martínez Roca.
- Verkhoshansky, Y. (2004) Teoría y Metodología del Entrenamiento Deportivo. Barcelona: editorial Pidotribo.
- Vasconcelos, A. (2005) La fuerza entrenamiento para jóvenes. Barcelona: editorial Paidotribo.
- Weineck, J. (2005) Entrenamiento Total. Barcelona: editorial Paidotribo.
- Wright, B., Brammer, C., Stager, J. (2009). Five Week assessment of in-water output in competitive swimmers. Medicine & Science in Sports & Exercise. 41(5): 143.

www.ingramcontent.com/pod-product-compliance
Lightning Source LLC
Chambersburg PA
CBHW081132170426
43197CB00017B/2829